Benjamin Perrier
Illustrations Lavipo

Le guide du SUPER FUTUR PAPA

Pour être un super-papa (en tout cas essayer), il faut une super-maman. Je dédie donc ce livre à Julia, la femme de ma vie, la femme de mes rêves, la mère de mes enfants, ma confidente, ma meilleure amie, ma collègue, mon pote.
Et bien sûr un grand merci pour leurs participations (volontaires ou non) à mes « crevettes » : Eliott et Lucien !

Direction éditoriale : Guillaume Pô, Tatiana Delesalle
Responsable éditoriale : Julie Cot
Direction artistique et couverture : Chloé Eve et Julie Mathieu
Fabrication : Nicolas Legoll et Thiery Dubus

Illustrations : Lavipo
Direction d'ouvrage : Delphine Blétry et Séverine Charbonnel
Sur une idée originale d'Édiclic, agence éditoriale www.ediclic.com
Conception et réalisation : Édiclic
Lecture-correction : Erwann Lepoittevin
Mise en pages : Christelle et Bertrand Defretin

15/27, rue Moussorgski
75895 Paris cedex 18

Dépôt légal : août 2015
ISBN : 978-2-317-01722-3
MDS : 63189
Achevé d'imprimer en juin 2015
sur les presses de l'imprimerie DZS en Solvénie
Numéro d'édition : A15123

Benjamin Perrier
Illustrations Lavipo

Le guide du SUPER FUTUR PAPA

MANGO

SOMMAIRE

PRÉFACE

Avant toute chose, vous qui tenez ce livre entre vos mains, vous êtes un mec bien.
Vous prévoyez de devenir papa ou vous vous apprêtez à l'être et vous êtes suffisamment concerné pour feuilleter ce guide. Et pourtant, vous avez tellement de choses à faire : regarder le foot, répondre à 153 mails en retard, vous racheter une garde-robe... Vous ferez ça plus tard !
Lire ce livre est bien plus important (si si, vous pouvez me croire, j'aurais bien voulu le lire avant d'avoir deux petits monstres à la maison).

Pour l'instant, vous ne le savez pas, mais les prochaines pages peuvent vous sauver la vie.

Alors c'est quoi un super futur papa ? Si vous croyez développer des super-pouvoirs, une fois devenu papa, vous pouvez oublier. D'ailleurs, je ne connais pas un seul super-héros ayant des enfants. Des sacrés égoïstes, ceux-là !

Non, être un super futur papa, c'est d'abord devenir un super-mec.

Vous vous souvenez, j'ai commencé cette préface en vous disant que vous étiez un mec bien (je sais que vous l'avez retenu, ce n'est pas le genre de truc qu'on nous dit tous les jours et pourtant, on a besoin d'amour, nous aussi). Eh bien, vous allez devenir encore plus qu'un mec bien.

Pour l'instant, vous errez dans l'inconnu en vous posant sans doute plein de questions.
Un enfant avec qui ? (Euh... Normalement, ça, vous savez.)
Un enfant, quand ? Un enfant, pourquoi ? Un enfant, comment ?
Non, vous ne rêvez pas, le guide du super futur papa répond à certaines des plus importantes questions existentielles depuis la naissance du premier homme.

Après plusieurs millénaires de recherches (ou presque), vous allez enfin comprendre comment faire un bébé (si jamais vous l'ignoriez, ça peut arriver), comment accompagner au mieux la future super-maman, de l'annonce

de la grossesse au climax final (qui se déroule la plupart du temps dans des cris de douleur et de joie, comme à un concert des One Direction)
Et surtout, vous allez comprendre comment gérer vos rôles de super-mec, super-papa, super-pote, super-amant…

Ça fait beaucoup à gérer, mais ne vous en faites pas, vous allez kiffer… Même si, soyons honnêtes, ça ne va pas être drôle tous les jours. Entre les sautes d'humeur de Maman, la vie sexuelle altérée, la fatigue, le stress, la famille, les amis et toutes ces choses auxquelles vous ne comprenez rien : les semaines d'aménorrhée, la couvade, la préparation à l'accouchement, le baby blues, changer une couche ou donner un simple biberon sans risquer de vous brûler au troisième degré (ne faites pas le malin, ma main me démange encore et c'était il y a 8 ans !).

Mais vous allez kiffer… Bon, là, il faut me croire sur parole… J'avoue qu'après ces quelques lignes, on peut avoir un doute…

Oui, vous allez kiffer parce que, contrairement à beaucoup de futurs papas, vous, vous serez prêt !
À vous la confiance absolue, la maîtrise totale et l'attitude sexy face à chaque situation perturbante pour le commun des mortels.

Vous l'avez compris, vous n'êtes déjà plus un homme comme les autres (vous n'êtes pas non plus un super-héros, j'ai dit), vous êtes un super futur papa.

Vincent Bekaert
(Chroniqueur dans l'émission *Les Maternelles*)

BIENVENUE !

Si vous lisez ces lignes, c'est sûrement que vous êtes depuis longtemps habité par le désir de procréer, de construire une autre génération, de pouvoir enfin connaître le regard de fierté que porteront vos futurs enfants sur vous lorsque vous leur expliquerez le sens de la vie. Ô bonheur ! Vous venez en plus de trouver celle qui saura partager ses aspirations dans le respect de vos préceptes d'éducation.

Mais bien sûr ! *(Attention second degré)*

Si vous en êtes là, c'est sans doute parce que c'est Noël, et que Marion, votre belle-sœur, a décidé de faire marrer cette formidable tribu qu'est la famille de votre chérie, en vous offrant ce livre (pas une mauvaise idée d'ailleurs), et en ajoutant son classique « *bah oui, parce que là… tu ne voudrais pas qu'on t'explique comment faire ?* » (Rire gras – oui, parce que Marion rit gras).

Parce que oui, forcément.

En couple depuis cinq ans, marié depuis deux, l'horloge de la vie fait « tic-tac tic-tac » et si tout votre entourage se ligue pour vous faire rentrer cette idée dans le crâne, c'est que vous êtes le seul à ne pas savoir que vous êtes prêt (oui, ça y est !) à faire des enfants !

Pas de stress, vous êtes bien tombé...

Ici, il n'y aura pas :

- Tous les détails de l'évolution d'un fœtus, de la conception (mmmm… sexy) jusqu'à la 40e semaine (oui, parce que 9 mois c'est ringard)… enfin de quoi se repérer quand même !
- Le semainier de l'éducation, des premiers jours de vie jusqu'à l'anniversaire fatidique des 6 ans (parce qu'après 6 ans, c'est foutu !).
- Les régimes sans sucre, sans sel, sans gras, sans rien, pour une grossesse épanouie (vous les prendrez les 10 kilos ! garanti…).

NON.

(Votre femme a déjà ces livres-là : Marion lui a offert en cadeau de mariage…)

Ici, c'est plutôt :

- Du terre à terre.
- Du concret.
- Des mini-trucs et astuces (un peu comme un tuto de jeu vidéo).
- Les envies de fraises à 3 h du mat' : mythe ou réalité ?
- Pourquoi ne JAMAIS dire le prénom choisi avant la naissance (et autres gestions de crise au sein de la famille).
- Comment gérer l'accouchement comme un bonhomme (t'inquiète, pas de détails médicaux).
- Jeune papa, sexy ou pas ?
- Changer une couche, sexy ou pas ?
- Donner le biberon juste avant de partir en soirée ET oublier de mettre le lange sur l'épaule pour « faire faire le rot » alors qu'on a LA chemise que l'on peut encore mettre malgré ces foutus 10 kilos… sexy ou pas ?

Bref.

On va essayer ensemble de faire de vous un super-papa !

Au fait, je sais de quoi je parle : le premier a 5 ans et le deuxième vient d'arriver. Ma femme crevée dort à côté de moi, je lutte comme un malade pour finir cette phrase : on est samedi soir, il est 21 h… Ambiance !

FACILE !
ÇA SERA UN JEU D'ENFANTS POUR MOI

L'AVANT

FAIRE UN BÉBÉ : « COMMENT ÇA MARCHE » ?

On se prépare à l'attaque : remise en forme !

Si la santé de la femme est importante pour avoir un bébé, il ne faut pas oublier que nous aussi, nous devons être au top du top de la forme !

Plus d'alcool, plus de tabac...

Concrètement ?

Pour augmenter notre fertilité : plus d'alcool, plus de tabac, pas de drogues non plus, on évite le surpoids, et on se fait des orgies de fruits et légumes !

Les effets secondaires ? Plus de pêche, le teint frais, moins de ventre... affûté quoi !

(On peut aussi rajouter un peu de sport... Un peu de cardio en préventif, ça peut être utile, hein !)

Eh oui ! On commence par le début !

Ici, pas d'explication sur « comment on fait les bébés » (pas besoin de rappeler que ce livre n'est pas pour les enfants ! et qu'*a priori* on sait comment faire « la chose »), mais il faut bien noter qu'il existe quand même quelques différences entre le sexe pour le fun et le sexe dans le but d'avoir un enfant (et on en profitera AUSSI pour casser deux ou trois idées reçues, ça ne fera pas de mal).

Quand doit-on « œuvrer » ?

Eh oui, contrairement à ce que racontent 90 % des comédies romantiques, ce n'est pas « au petit bonheur la chance » et pas forcément du premier coup. Pour qu'ovule et spermatozoïde se fassent la conversation (un petit *speed dating* ?), il faut qu'il y ait ovulation (l'ovule est libéré par l'ovaire) ; ce processus a lieu à peu près au milieu du cycle d'une femme (à peu près...). Et le meilleur moment est deux ou trois jours avant l'ovulation.

Si on est un peu perdu en termes de timing, on pose simplement la question à sa douce : « *Tiens au fait... Tu ovules quand toi ?* »

Effet romantique garanti !

TO DO-LIST

- ☐ Accompagner sa chérie à l'examen préconceptionnel (un bébé, ça se fabrique à deux)
- ☐ Arrêter l'alcool et le tabac
- ☐ Manger léger
- ☐ Faire du sport
- ☐ Se renseigner sur le cycle d'ovulation de sa chérie
- ☐ Se tenir prêt
- ☐ Se détendre
- ☐ Prendre des vacances au soleil (« patron, je suis obligé, c'est dans la liste ! »)
- ☐ Profiter…

L'examen préconceptionnel, qu'est-ce que c'est ?

Lorsque l'on a le projet de faire un bébé, c'est une bonne chose de faire un bilan de santé à deux AVANT que la femme tombe enceinte. Le médecin pourra déterminer les risques de complications (diabète, problème de thyroïde), vérifier l'immunisation de la femme à la rubéole et à la toxoplasmose, et prescrire conseils d'hygiène de vie et compléments alimentaires (pour les deux !).
Cet examen permettra de maximiser ses chances de concevoir et de limiter les expositions aux risques pour les premières semaines du fœtus.

Quelle fréquence ?

Si je souhaitais faire plaisir (ou faire dépérir) certains, je dirais « tout le temps, dès que possible, le matin, à la pause déj', en rentrant du boulot, avant le dîner (apéro ?), avant, pendant, après le film… ». Eh bien NON ! STOOOOP !
L'idée (très raisonnable malheureusement) est d'essayer régulièrement, au moins tous les deux ou trois jours, en particulier en milieu de cycle, parce que même si les calculs sur la période d'ovulation paraissent bons, la nature est souvent capricieuse !

Au moins tous les deux ou trois jours

Alors les calculs, oui, optimisation pendant la période, bien sûr, mais assurer ses arrières un peu avant et un peu après, c'est bien aussi.

Travaux pratiques

Alors là…
Vous aviez de l'imagination avant ? Il n'y a pas de raison que ça change !
Le missionnaire pendant et les jambes en l'air après ? Si ça vous chante, cela ne peut pas faire de mal, mais ça ne sert à rien !
Juste un conseil perso, dans quelques semaines, quand le gynécologue sortira sa roue de calcul de conception (une sorte de disque de stationnement magique qui permet de savoir quand le bébé a été conçu), il donnera LA date et donc vous vous rappellerez COMMENT vous avez conçu la chair de votre chair…

Quand le bébé a été conçu

Autant être certain d'assumer !

C'est parti ! On s'y met sérieusement !

Ah non ! Surtout pas !

Amusez-vous, détendez-vous et surtout PAS DE PRESSION !

En fait, c'est très simple, il faut faire comme si ça n'avait pas d'importance, comme si, malgré la charrette au boulot, les déplacements professionnels, le muscle froissé au rugby et l'engueulade dominicale avec belle-maman, vous en aviez envie tous les deux, tout le temps et bien sûr au même moment... Toujours. Bref, en mode cool et avec le cœur.

Pas de stress si le test est négatif après le 1er, 2e ou 3e cycle.

Rassurez la presque future maman, dites-lui que ça marchera la prochaine fois, et c'est reparti ! (Il y a pire comme activité, non ?)

Ça ne marche toujours pas ?

Pas d'inquiétude, 80 % des couples sont féconds dans la première année, mais sur les 20 % restants, près de la moitié attendent un bébé dans la deuxième ! Ça fait beaucoup de monde tout ça.

Les médecins considèrent qu'avant un an d'essai sans contraception, ce n'est pas utile de consulter (sauf naturellement s'il y a une pathologie existante). Il faut aussi prendre en compte que passé 35 ans, la fertilité diminue, donc : ON N'EST PAS STÉRILE SI ÇA NE MARCHE PAS DU PREMIER COUP ! (Voilà c'est dit.)

Ensuite, s'il y a des problèmes, rien n'est perdu ! Suivi médical léger, fécondation *in vitro* (FIV), vacances au bout du monde (coupés de tout, plus de stress) et pour finir, pour les couples déterminés et solides, l'adoption peut aussi être une solution.

ALLEZ, BON COURAGE !

La FIV, qu'est-ce que c'est ?

La fécondation in vitro *est une sorte de rencontre arrangée, le* blind date *classique : « Tu vas voir j'ai une copine trop sympa qui est célibataire comme toi ! »*
Quand ça ne « marche » pas naturellement, la médecine peut donner un coup de pouce : on prélève alors des ovocytes mûrs dans les ovaires et les spermatozoïdes dans le sperme, et la fécondation a lieu dans une éprouvette. Ensuite, on vient placer deux ou trois ovules fécondés dans l'utérus de la femme.
Plus de 20 % de réussite par cycle.
On augmente la probabilité d'avoir des jumeaux (plus d'un ovule fécondé implanté).
Attention ! Même si la science fait des miracles, cela reste une procédure éprouvante pour la femme et pour le couple.

TEST DE GROSSESSE ÇA SE FAIT QUAND ET ÇA SE LIT COMMENT ?

Que l'on projette ou non de faire un bébé, après un retard de règles, le test de grossesse est quasiment un passage obligé. À faire chez soi, il permet à la femme de savoir si elle est enceinte ou non avec 99 % de fiabilité.

Scénario N° 1

ELLE LE FAIT SANS NOUS.

Par peur de décevoir, parce que « non mais oh c'est un truc de fille » ou parce qu'on n'est jamais là le matin (oui, le test de grossesse, c'est mieux le matin), elle achète le test seule, fait le test seule, constate le résultat seule et vous attendra pour « l'annonce ».

Scénario N° 2

ELLE A BESOIN D'AIDE : ON EST UN FUTUR SUPER-PAPA OU PAS ?

« Ce bébé, on le fait à deux de A à Z ! Tu peux aller me chercher un test ? » « J'ai trop peur... » « Je suis fatigué... » « J'ai pas le temps, et la pharmacienne, elle ne m'aime pas en plus... »

Bref, on est dedans. Voici un maximum d'infos.

On achète quoi ?

Premier conseil : on en achète plusieurs.

Par tonnes ? Par conteneurs entiers ? On prend des actions chez le fabriquant ?

Non, il ne faut pas exagérer... Petit rappel du chapitre précédent :

On se détend !

On ne vit pas « test de grossesse », dort « test de grossesse », parle « test de grossesse ».

On les met dans l'armoire à pharmacie, pas sur le plateau du petit déj'...

Mais on va en utiliser un certain nombre, de ces tests ! Parce qu'on

YAHOUUU !
C'EST POSITIF !

est trop pressé, parce que c'est trop tôt, parce que « *merde ! J'ai loupé ! Donne-m'en un autre*... », et ça, ça n'attend pas (et on aura l'air malin devant la pharmacie en pyjama à 7 h du mat'...).
Donc : on fait (un peu) de stock (deux ou trois, c'est bien).
Pour le reste, digital, pas cher, précis sur le nombre de semaines de grossesse, avec recharge : à vous de voir ! Les tests vendus en pharmacie ou grandes surfaces sont fiables à 99 %.

Quand utilise-t-on le test ?

Pas avant le premier jour de retard des règles.
Ça ne sert à rien de le faire juste après un rapport, vraiment ! Donner la vie, c'est magique, mais ça prend un peu plus de temps quand même !

Pas avant 8 à 10 jours...

8 à 10 jours...
De préférence, le test est fait avec les premières urines du matin.
Pour les détails d'utilisation... Comment dire ?
D'expérience, les femmes préfèrent rester seules dans les toilettes (ce qui se passe dans les toilettes des filles reste dans les toilettes des filles).
Donc attendez devant la porte, patiemment...

Comment lire le test ?

Si le test est digital, rien de plus simple, « enceinte » veut dire que madame est enceinte, « pas enceinte »... (sérieusement ?)
Si c'est un test « à croix » avec zone de test, il suffit de suivre le dessin ci-dessous.

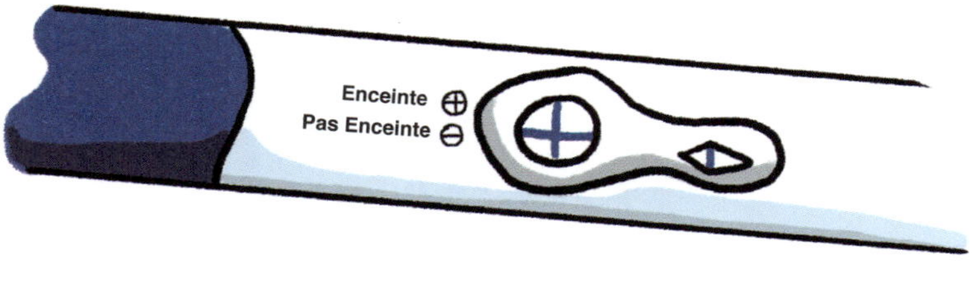

Deux choses importantes :

- Il peut y avoir des « faux négatifs » : le test indique « pas enceinte », car il a été fait trop tôt (j'avais pourtant dit : pas juste après !) et que le taux d'hormones HCG est encore trop faible. Donc, quelques jours après, si les règles ne viennent toujours pas, on en fait un deuxième (ça y est ? Voilà pourquoi ça s'achète par lots !).
- Il n'y a pas de « faux positif » ! Si le test dit « enceinte », c'est que ça y est ! BIM ! On peut commencer à flipper…

Il ne reste alors plus qu'à confirmer ce résultat par une prise de sang (pour la femme, pas pour l'homme…). Cette analyse sera utile pour le premier rendez-vous chez le gynécologue (notre futur meilleur ami) et pour s'inscrire à la maternité (chemin de croix, nous voilà !).

Hormones HCG

(Hormone Chorionique Gonadotrope) : elle est secrétée par le corps jaune (puis le placenta) lorsqu'un œuf fécondé (ovule + spermatozoïde) s'implante dans l'utérus. Hormone uniquement présente chez la femme enceinte, elle est donc l'indicateur parfait de la grossesse.

Une échographie précoce pourra être proposée à votre femme par son médecin afin de faire une datation précise du début de grossesse. Elle n'est pas systématique, encore moins obligatoire, elle est prescrite en fonction de nombreux facteurs (votre femme a plus de 40 ans, a des antécédents gynécologiques, un flou trop important sur le début du retard des règles).

Cette datation permet notamment de bien respecter le calendrier des tests (dépistage de la trisomie 21 notamment) et des examens (dates des échographies).

« CHÉRI, J'AI UN TRUC À TE DIRE… » Ou comment réagir face à l'annonce d'une grossesse ?

Dans ce chapitre, je vais dévoiler les méthodes les plus utilisées pour annoncer une grossesse au futur papa, donc si vous aimez les surprises et si vous êtes certain de « bien » réagir à cette annonce, ne lisez pas ce qui suit.

BIEN RÉAGIR… Pour une femme, annoncer une grossesse au « bientôt-papa-dans-neuf-mois » peut être assez stressant. Peur du refus, du rejet, angoisse d'être VRAIMENT à deux dans cette aventure ou à l'inverse envie d'annoncer ce changement radical de vie par un feu d'artifice : les futures mamans préparent souvent ce moment.

Changement radical de vie

Le problème ?

Le problème, c'est nous ! Enfin, nos réactions, nos incompréhensions, nos silences mal interprétés. Et en cas d'impair ? Un moment censé être merveilleux qui devient compliqué, voire pire…

Il faut donc être à l'affût, se préparer à l'imprévu pour ne jamais, jamais, jamais être pris au dépourvu, être toujours concerné, un SUPER-PAPA quoi !

Pour s'en sortir dans tous les cas de figure, j'ai mis au point une équation scientifique qui s'applique à ~~absolument~~ presque toutes les manières d'annoncer une grossesse :

« Toute annonce effectuée avec une humeur donnée par le déclarant subit de la part du destinataire une réponse émotionnellement proportionnelle au volume de sensation déplacée. » (Ça ressemble à la poussée d'Archimède ? C'est normal…)

J'ai mis au point une équation

En clair ? (Comment, ça n'est pas clair ?)

SON ANNONCE EST SOLENNELLE ?

→ Notre réponse est solennelle.

ELLE EST PLEINE D'ÉMOTION ?

→ On a les larmes aux yeux.

ELLE EST INQUIÈTE ET TREMBLANTE ?

→ On est rassurant et robuste.

ELLE L'ANNONCE EN MODE GROSSE DÉCONNE ?

→ On lui répond avec une bonne grosse blague. (Non, surtout pas ! On n'a pas toujours le même humour, mais on rigole quand même…)

Quelques exemples de mise en situation

Droit au but

Vous dans la cuisine, elle sort en trombe des toilettes et balance le test sur la table façon chope de bière sur le comptoir d'un saloon : « *Tiens ! T'es papa.* »

Ça pique un peu comme annonce, mais pourquoi pas ? Si ça permet d'évacuer le stress…

Réponse du « super-papa » : « *O.K. cow-boy ! Bière pour moi et lait-fraise pour toi !* »

Le dîner romantique

On rentre du boulot, et là, ambiance rouge rosé dès l'entrée. Des pétales de roses, la table dressée, musique, bougies : tout y est ! Les coupes de champagne à la main, elle attend en robe de soirée… Ah, tiens, sur la table, il y a deux bouteilles de champ', un grand cru et un ? Cham-po-my ?

Réponse du « super-papa » : « *Wow ! C'était pour ça les pétales… Je me rhabille alors ?* »

De bon matin

C'est dimanche, il est 10 h 29, et alors qu'on émerge à peine, une petite voix guillerette arrive avec plateau, croissant, jus pressé, œuf à la coque et tout le tremblement…

Il n'y aurait pas un joli Post-it qui traîne sous la serviette ?

Réponse du « super-papa » : Pas un mot, mais on dessine un cœur sur le Post-it ! (On s'entraîne avant ! Que *ça ressemble* VRAIMENT *à un cœur !*)

L'air de rien

Devant la télé, tranquille après le dîner, on se balance tous les potins du boulot, des copains, qui est en couple, qui est célibataire, qui va (trop) sur Tinder… La bombe tombe sous la forme d'une petite phrase anodine : « *Devine qui va être papa ?* »

(En fait c'est vous…)

Réponse du « super-papa » : « *Et toi ! Devine qui va être maman ?* » (Ah non, ça ne marche pas…)

La grosse frayeur

On est en train de jouer à la console, tranquille (forcément), la douce arrive, les yeux dans les pompes, l'air grave, mortifiée (ah oui, quand même !).

« *Chéri… faut qu'on parle…*

J'espère que tu ne vas pas mal le prendre…

Mais… en fait… je l'ai fait ce matin…

Voilà… en fait… tu vas…

– JE QUOI ? JE VAIS QUOI ?

– … ÊTRE PAPA ! *Tu vois que tu le prends mal !* »

Réponse du « super-papa » : « *Mais non, j'ai eu peur… J'ai cru que tu savais pour le gros découvert à cause de la soirée casino ! Être papa, ça c'est une bonne nouvelle !* »

Le rendez-vous mystère
(Si votre femme bosse dans la plus grosse agence de com' de Paris et a un chèque en blanc de son patron…)

Un rendez-vous mystérieux par SMS dans le square du coin de la rue. Arrivé sur place, le vendeur de ballon vous remet une enveloppe contenant énigme et jeu de piste. Au bout, après une heure d'épreuves avec magicien, comédiens et performance sportive… un coffre.

Dans le coffre, un ticket pour un baptême de montgolfière (le mec et son ballon sont juste à côté d'ailleurs). Et quand, avec le mal de l'air, on arrive à 150 mètres, on devine tous les collègues de bureau tenant chacun un panneau avec le message :

« TU ES PAPA. »

C'est bon, vous pouvez vomir !

Réponse du « super-papa » : une péniche encadrée par 15 jet-skis pour aller accrocher un énÔrme cadenas sur le pont des Arts avec inscrit « *je vais être* PAPA *!* » (On aura une autorisation spéciale !).

ALORS,
T'AS DEVINÉ ?
EUH... NON...
T'AS CRAQUÉ POUR
UN COUPÉ CABRIO ?
J'ARRIVE
EN MAI

Le cadeau hors anniversaire

« Oh, tiens ! Un cadeau pour moi ? Mais ce n'est pas mon anniversaire ! »

On comprend l'appel du pied : si elle offre un doudou, un body *« J'aime mon papa »*, une tétine-moustache, un pack biberon naissance, ce n'est pas qu'elle pense que vous faites de la régression !

Réponse du « super-papa » avec un grand sourire : *« Très joli le T-shirt ! Mais il est vraiment trop petit… »*

Le strip-tease

Rien n'annonçait un moment tendre, romantique ou bestial et pourtant, très sûre d'elle, elle vous prend la main en vous disant « viens, on va dans la chambre ». Arrivés sur place (rapidement donc, ce n'est pas Paris–Marseille non plus !), elle ordonne : *« Soulève mon T-shirt ! » « Hein ? » « Soulève mon T-shirt je te dis ! »*. On s'exécute forcément.

Et là, sur le ventre, dessiné au feutre, un joli message :

SALUT PAPA, J'ARRIVE DANS 9 MOIS !

Réponse du « super-papa » : *Prendre un marqueur et faire un point sur le ventre avec écrit « Je suis ici ».*

Voilà ce à quoi s'attendre de la part de sa moitié. On se prépare donc et on reste soi-même, évidemment : c'est la meilleure des réponses !

À moins d'avoir un cœur de pierre, bien sûr…

LE 1ER MOIS

(Deux à six semaines d'aménorrhée)

ON Y REVIENDRA PLUS TARD...

LA FUTURE MAMAN :

Forte sensation de fatigue, somnolence

Nausées voire vomissements

Gonflement de la poitrine qui devient sensible

Augmentation de l'appétit

Pas de ventre

LE FUTUR BÉBÉ :

L'embryon grandit de 1 mm à 4 mm.

À la fin de ce premier mois, le cœur commence à battre.

LE SUPER-PAPA :

Cool, détendu...

On a le temps, on est large...

DÉMARCHES À EFFECTUER :

RDV chez le médecin pour un 1er bilan.

SUPER, ON ATTEND UN BÉBÉ ! POUR L'INSTANT ÇA CHANGE QUOI ?

C'est vrai ça ! Ça change quoi ?

Honnêtement pas grand-chose.
Le test en main, on s'y croit déjà, on saute partout, on visualise déjà Noël avec bébé, vacances avec bébé, dimanche midi chez les ~~parents~~ grands-parents avec bébé, le matin avec bébé, le bain avec…
On est parents, quoi !
Et puis, ça se fait tout seul !
Hein chérie ! Chérie ? (Elle ne peut pas répondre, elle est partie vomir…)
Petite confidence entre nous : ça ne se fait pas *vraiment* tout seul, et pour l'instant, c'est le moment facile…
On veut faire ça bien ? Être droit dans ses bottes de super-papa ?
Être solidaire les neufs prochains mois ?

BONNES RÉSOLUTIONS

- ☐ Arrêter de fumer ;
- ☐ Arrêter de boire

(ou alors vous êtes moins solidaire… c'est vous qui voyez !).
Ah oui, c'est important ! Et dès le début s'il vous plaît : ce n'est pas parce que le ventre de la future maman n'a pas une ligne de vergeture qu'il n'y a pas un bébé en cours de fabrication là-dedans !
Alors on achète une bonne, vraiment bonne, bouteille de champagne, un bon gros cigare (et des chewing-gums aussi…) et on se les garde pour le jour de l'accouchement !
Le problème, pour peu, que l'on aime « bien vivre », c'est que ces bonnes résolutions ne risquent pas de passer inaperçues…

On attend trois mois pour le dire ? Sûr de sûr ?

On ne dit rien, RIEN DE RIEN, et à personne, pendant le premier trimestre. La majorité des fausses couches ayant lieu avant 10 semaines, on évite le yo-yo émotionnel chez belle-maman et on attend la première échographie (et la première pose photo du futur membre de la famille) pour faire les présentations.
C'est donc trois mois de secrets, trois mois de :
« Tiens tu ne bois plus… Mais plus du tout ? »,
« Tu as arrêté de fumer ? Intéressant… ».

Plus de 15 % des grossesses se terminent par une fausse couche, souvent lors du premier trimestre. Ces accidents sont souvent dus à des anomalies chromosomiques (le fœtus n'est pas viable), des anomalies de l'utérus (le fœtus ne peut pas se développer correctement dans son environnement), elles sont aussi plus fréquentes si la femme a plus de 40 ans. Le tabac et l'alcool sont des facteurs aggravants.

On serre les dents, pas de clin d'œil, pas de sourire complice, on prépare des réponses toutes faites : « *On a fait une soirée de dingue hier… aujourd'hui c'est détox !* »
« Non merci, jamais d'alcool dans ce bar, il paraît que le patron coupe les bouteilles à l'alcool à brûler… Tu veux être aveugle ? »

Et, rentré à la maison, on se fait un petit débrief' sympa, madame affalée dans le canapé et le bientôt super-papa en train de faire un massage de pieds (non ?).
Et pour montrer à sa chérie qu'on assure, qu'elle peut « créer » en toute quiétude, on lui montre qu'au niveau rétro-planning, il n'y a pas de problème !

Voilà la base :

	RDV médicaux	À retenir !	Administratif	Perso
1er mois	• RDV médecin pour bilan • 1re analyse			• On habite une grande ville : on s'inscrit déjà à la maternité (je sais…).
2e mois	1re consultation prénatale (souvent chez le gynécologue, les autres peuvent aussi avoir lieu en maternité ou auprès d'une sage-femme en libéral).	Faire le point sur les antécédents personnels et familiaux et sur le mode de vie de la maman.	• Déclaration de naissance à la Sécurité sociale (obligatoire). • Déclaration à l'employeur (pas obligatoire).	On commence à se renseigner sur les maternités.
3e mois	1re échographie	Lors de la 1re échographie, on peut entendre le cœur de son bébé battre !		• On s'inscrit à la maternité choisie. • On choisit son mode de garde et on se renseigne (notamment pour la crèche).
4e mois	2e consultation prénatale			On annonce l'arrivée du bébé !
5e mois	• 3e consultation prénatale • 2e échographie	Lors de la 2e échographie, on vérifie que le bébé va bien, qu'il est bien formé, et on peut connaître son sexe si on le souhaite !		Inscription aux cours de préparation à l'accouchement.
6e mois	4e consultation prénatale			• Dernier délai pour s'inscrire à la crèche de sa municipalité. • Commencer à réfléchir ensemble au mode d'accouchement (péridurale ou non ?).
7e mois	5e consultation prénatale	Fatigue de la maman et premières contractions.		On commence les cours de préparation à l'accouchement.
8e mois	• 6e consultation prénatale / • 3e échographie • Consultation avec l'anesthésiste	À la 3e échographie, évaluation du poids et de la taille de bébé et de sa position.	Début du congé maternité	On prépare le sac pour la maternité.
9e mois	7e consultation prénatale	Infos sur le déroulement de l'accouchement, et le moment de poser toutes les questions !	Si on choisit de prendre le congé paternité (11 jours consécutifs), il faut prévenir son employeur 1 mois avant ; pour le congé parental, c'est deux mois avant.	La chambre du bébé est prête ?

LA GROSSESSE : LE LEXIQUE TECHNIQUE

La grossesse est un marathon. Pour la future maman, bien entendu (ça pouuuusse un bébé !), mais aussi pour le futur papa (ça pouuuuuusse les carrés de chocolat nappés de glace vanille !). Et un marathon, ça se prépare !

Et nous ? Bah nous, la grossesse facile facile de Muriel la meilleure copine, les questionnements sur la paternité du cousin Romain et les premiers mois de Théo le petit neveu, ça nous est passé un peu au-dessus (euphémisme…).

La grossesse est un marathon.

Niveau préparation : nul !

Pour éviter les moments de solitude à chaque phrase du médecin, de la future maman, des meilleures copines venues boire le café, de la maman, de la belle-maman (parfois les deux en même temps), bref, de tous ceux qui de près ou de loin vont s'intéresser à cette future grossesse, voici LE lexique « spécial neuf mois » ! (On l'apprend par cœur ?)

Accouchement par voie basse : Accouchement par les voies naturelles (le vagin donc…). Un commentaire ? Moi pas !

Anémie : C'est une carence en fer. Chez la femme enceinte, le métabolisme changeant peut provoquer lors des premières semaines une carence en fer. Au médecin de vérifier grâce à une NFS (oui NFS ! Mais sans chimie, icno et gaz du sang), et à la maison on cuisine des aliments riches en fer.

NFS :

Numération de Formule Sanguine, c'est un examen complet du sang qui permet notamment de déterminer le nombre de globules rouges, de globules blancs… et le taux de fer (grâce à la mesure de l'hémoglobine).

Aliments riches en fer

Le gésier, le boudin noir, le gigot d'agneau, les haricots blancs, les haricots de soja, le tofu, mais aussi le pain de mie, le chocolat noir (eh oui !) et le plus célèbre : les épinards (qui sont surestimés, c'est vrai, mais qui sont riches en fer quand même !).

Aménorrhée (semaine d') : Une grossesse se calcule aussi en semaines d'aménorrhée (les médecins préfèrent, c'est plus précis), c'est-à-dire à partir de l'absence des règles et non pas à partir de la fécondation. Une grossesse, c'est donc 39 semaines à partir de la conception et 41 semaines d'aménorrhée.

Amniocentèse : C'est un examen du liquide amniotique. Il permet de déceler (ou d'écarter) les maladies chromosomiques (de type trisomie 21) ou de rechercher des infections fœtales. Concrètement, on prélève un peu de liquide avec une aiguille en passant à travers la paroi utérine : le praticien navigue à vue (avec un échographe) pour ne pas toucher le bébé. Elle n'est évidemment pas systématique, et n'est pratiquée que dans certains cas (hérédité familiale, contact avec la varicelle, rubéole pendant le début de grossesse, grossesses tardives de plus de 40 ans…)

Baby blues : Quelques jours après l'accouchement, la maman se sent nulle ? Désemparée ? Triste à en pleurer ? C'est sans doute le fameux « baby blues », sans conséquence (à ne pas confondre avec la dépression *post-partum*). Le baby blues dure souvent moins de deux semaines : alors on est TRÈS gentil pendant ce temps-là !

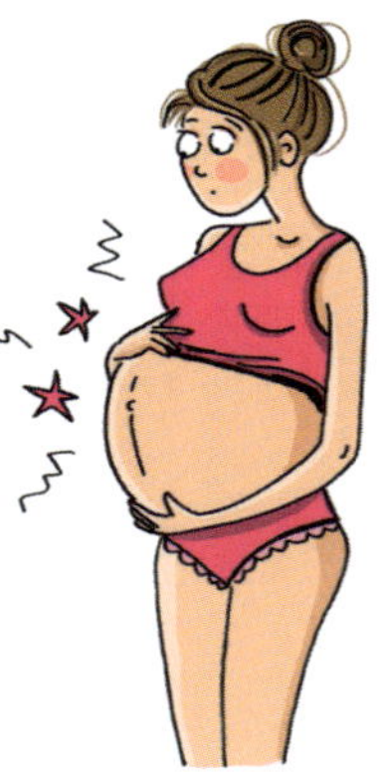

Contractions : Ce sont des contractions musculaires (ah oui ?), plus précisément des muscles de l'utérus.
Les premières contractions arrivent dès le 4e mois. Sans douleur, rares et irrégulières, elles permettent au bébé de se positionner la tête en bas.
Les contractions de travail (les « vraies » contractions), arrivent à la fin du 9e mois. Elles permettent au col de l'utérus de s'effacer (et donc de s'ouvrir) et dirigent le bébé vers le

bassin. Elles sont douloureuses, fréquentes et régulières. Quand le rythme est d'une contraction toutes les 5 minutes, on fonce à la maternité !

Césarienne : Pour de multiples raisons, un accouchement peut ne pas se faire par voie basse. On pratique alors une césarienne, en urgence ou programmée. Le chirurgien pratique une incision sur le bas-ventre, au niveau de l'utérus, fente par laquelle le bébé sortira..
Ensuite, l'équipe médicale se « scinde » en deux : l'une s'occupe de la maman (on la recoud et la surveille, quand même…), l'autre va s'assurer que le bébé va bien.
Les suites de l'opération sont plus longues et douloureuses qu'un accouchement par voie basse (soins de la cicatrice, douleurs internes liées à l'intervention). Il faudra donc que la maman évite les efforts (porter des objets lourds, faire la cuisine, passer l'aspirateur…) et ne se remette pas tout de suite au sport.

Cordon ombilical : C'est l'organe qui relie le placenta de la maman à l'embryon, puis au fœtus (par le nombril). Indispensables à la survie du bébé, les vaisseaux sanguins vont lui apporter oxygène et nutriments.

Délivrance : Dernière partie du travail lors d'un accouchement, elle a lieu APRÈS la naissance du bébé. Des contractions permettent le décollement et l'expulsion du placenta. Cette étape est importante (le placenta doit être extrait) et elle ne sera pas prise à la légère par l'équipe médicale.

Dilatation : C'est la dilatation du col de l'utérus. Elle permet à celui-ci de s'ouvrir pour laisser passer le bébé. Les contractions de travail permettent cette dilatation. Cela peut prendre plusieurs heures. Le col est prêt pour l'accouchement quand il est dilaté de 10 cm.

Embryon : C'est votre futur bébé entre l'œuf fécondé et 8 semaines de grossesse.

Épisiotomie : Bon ! Âme sensible, on passe au mot suivant. Encore là ? O.K. L'épisiotomie (ou épisio) est une incision pratiquée en fin d'accouchement, si la tête du bébé a des difficultés à passer, en particulier pour éviter une déchirure.
Elle est pratiqué au niveau du périnée (On visualise ? Fallait pas…).

47 % d'épisio pour les primipares
(source Ciane, 2010-2013)

Fœtus : C'est votre futur bébé à partir de 8 semaines de grossesse jusqu'à la naissance.

Forceps/Spatules/Ventouses obstétricales : Ce sont des instruments qui aideront le bébé **à naître** dans les cas d'urgence ou si les « poussées » de la maman ne sont pas assez efficaces (et parfois elle n'y peut vraiment rien…). Ils sont souvent utilisés en cas d'urgence ou en dernier recours et peuvent éviter une césarienne.

Masque de grossesse : Ce n'est pas un accessoire top tendance pour les vacances en mode j'attends-un-bébé ! Si la peau du visage est trop exposée au soleil (même en dehors de la plage, un après-midi terrasse suffit), on peut voir apparaître chez la femme enceinte des taches brunes sur le front, les joues et autour de la bouche. Pas de panique ! Sauf dans de très rares cas, ces taches disparaissent avant le 6e mois anniversaire du bébé (après la naissance). On se cache du soleil donc, ou on met au moins de la crème solaire !

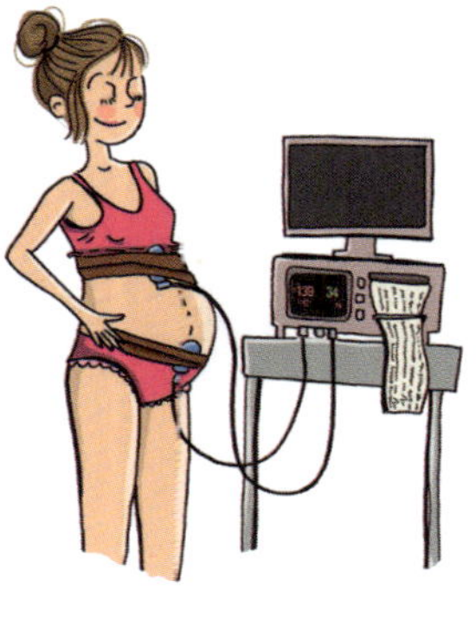

Monitoring : C'est l'action d'enregistrer et de surveiller (via un cardiotocographe) le rythme cardiaque du fœtus et les contractions de la maman. Effectué lors d'une arrivée à la maternité pour accoucher (sauf en cas d'urgence), il permet de mesurer la fréquence des contractions et de déceler les cas de souffrance fœtale (manque d'oxygène pour le bébé par exemple).

Péridurale : C'est une anesthésie locale qui permet à la future maman de gérer son accouchement, ses contractions, le tout sans douleur (Heu ! Faut pas trop rêver…). Le hic ? La piqûre est faite dans le dos entre deux vertèbres… moi ça me fait mal rien que d'y penser !

AMÉNORRHÉE
DÉLIVRANCE
MONITORING
AMNIOCENTÈSE
ÉPISIOTOMIE SPATULES
FOETUS FORCEPS
MASQUE DE GROSSESSE
PÉRIDURALE VENTOUSES
PRIMIPARE CONTRACTIONS
DÉLIVRANCE
SIÈGE
EMBRYON
PÉRINÉE
PUERPÉRAL
IL ME FAUT
UN DICTIONNAIRE !

Périnée : C'est un muscle. Chez la femme, il est situé entre le vagin et l'anus.
Il va beaucoup travailler lors de l'accouchement, il faudra donc le rééduquer (avec des rendez-vous chez le kiné après l'accouchement…).

Placenta : Organe qui se développe pendant la grossesse et qui permet les échanges entre la maman et le bébé notamment via le cordon ombilical. Il se « colle » à l'utérus et donc entoure le bébé. Il sera expulsé après l'accouchement.

Poche des eaux : C'est la poche dans laquelle est le bébé. Elle est remplie de liquide amniotique (pas « amiotique »…) et grandit avec l'utérus, elle est d'ailleurs collée à sa paroi.
Donc si la future maman dit « chérie, je perds les eaux (et pas les os !) », c'est que la poche (des eaux) est rompue et qu'il est temps d'aller à la maternité !

Présentation par le siège : Normalement, un bébé naît par la tête et se présente donc tête en bas. Lorsque le bébé est positionné tête en haut et donc fesses en bas, on dit qu'il se présente par le siège. Dans certains cas, cela ne mettra pas en cause l'accouchement par voie basse, dans d'autres, il faudra accoucher par césarienne.

Primipare : Non, ce n'est pas un gros mot ! Une femme primipare est une femme qui va accoucher pour la première fois (en revanche, « secondipare » n'existe pas…).

Retour de couches : Je vais essayer d'être simple. Le retour de couches, ce sont les premières règles après l'accouchement. Attention ! L'expérience montre que certaines femmes tombent enceintes AVANT ces mêmes règles ! Donc si l'on reprend les rapports sexuels rapidement après l'accouchement, on se protège (ou alors c'est qu'on a décidé d'en faire onze pour constituer une équipe de foot…).

LE 2ᵉ MOIS

(Sept à dix semaines d'aménorrhée)

LA FUTURE MAMAN :

Toujours très fatiguée

L'utérus pousse sur la vessie : de plus en plus envie de faire pipi.

Mal à la tête, bouffées de chaleur et toujours envie de vomir

Sautes d'humeurs (on se demande pourquoi...)

Toujours pas de ventre, mais certains pantalons ne vont plus (voir ligne juste au-dessus...)

LE FUTUR BÉBÉ :

L'embryon passe de 6 mm à 3 cm !

Les membres commencent à se former, se dessiner.

Il bouge (un petit saut par-ci, un petit saut par-là...).

LE SUPER-PAPA :

On a toujours le temps mais...

Ça commence à devenir difficile à gérer tout seul cette histoire !

« Encore un mois à attendre avant de prévenir ma mère ? »

DÉMARCHES À EFFECTUER :

RDV chez le gynéco pour la 1re visite prénatale.

Se renseigner sur les maternités.

Déclaration à faire à la sécu.

LE COACHING DE LA FUTURE MAMAN (phase 1)

LA SUPER-PAPA ATTITUDE !

On a beau être un futur papa au top du top, on ne va rien « porter » pendant neuf mois (à part les sacs de courses, les valises, le sac à main…) !

Donc pour être **VRAIMENT** au top du top, pour être un super-papa en devenir, on coache et on soutient la future maman !

Libérer l'esprit

Même si le futur bébé commence à prendre une place très très importante dans notre vie de tous les jours et les conversations, le petit quotidien, sournois, pernicieux et perfide, est toujours là : impôts, factures, colis-qu'on-devait-recevoir-à-la-maison-mais-qui-en-fait-est-à-la-poste-car-comme-d'hab'-le-livreur-n'a-même-pas-sonné-alors-qu'on-était-la ! Et j'en passe…

ON GÈRE.

Elle n'a pas besoin d'approuver la visite EDF, la mensualité proposée par les impôts ou la dernière facture téléphone : ON GÈRE !

Les appels téléphoniques de la banque pour un rendez-vous placement, le conseiller crédit d'impôts qui passait justement par votre rue, et les nouvelles fenêtres vraiment « top performances » : ON GÈRE, ON A DIT !

En fait, déjà avant, ça n'était pas le cœur de ses priorités (des nôtres non plus d'ailleurs), mais là… elle s'en fout ! Total !

DONC ON GÈRE, ET ELLE A L'ESPRIT TRANQUILLE.

Aux petits soins

Bientôt vont arriver les fameuses « envies ».

Certaines ~~totalement~~ plutôt acceptables (augmentation de la libido), d'autres beaucoup plus problématiques au niveau logistique… Au hasard : la fameuse envie de fraises le dimanche à 1 heure du mat' en plein hiver !

La méthode infaillible : on est proactif, on devance les désirs.

L'idée est de lui montrer que l'on a, presque, tout prévu. Elle verra donc que même si elle n'a pas de mangue au miel (alors qu'elle a « juste » faim à 3 heures du mat'), vous êtes là pour elle, et pour le bébé bien sûr…

(Message de ma femme qui relit tout ce que j'écris : « *les massages, ça marche aussi et ça ne* COÛTE *rien !* »)

PENSE BÊTE

☐ LES FRAISES ? Un mini-stock dans le bac à fruits du frigo.

☐ LA GLACE ? Ses trois parfums préférés dans le congélateur.

☐ LE BIG MAC ? La recette est dispo sur le net/on stocke tous les ingrédients « au cas où ».

☐ LE BON GROS KEBAB ? Si si, expérience vécue… : on vérifie qu'il y a un « grec » ou un équivalent pas loin de la maison ET on retient les horaires d'ouverture.

J'AI UNE IRRÉSISTIBLE ENVIE DE CHOUCROUTE GARNIE, PAS TOI ?
TES DÉSIRS SONT DES ORDRES MON CŒUR !
Future Dad
3:00 AM

« Ça, c'est mon espace de danse et ça, c'est ton espace de danse... »

Elle va trouver ça formidable, l'avalanche de petites attentions… Au début ! Mais si vous êtes à fond, trop à fond, la future maman risque de trouver ça un peu stressant, voire flippant ou même complètement lassant.

« Je te rappelle, mon bonhomme, que c'est MOI *qui suis enceinte ! Tu veux le porter à ma place ? C'est ça ? Tu veux me piquer* MON *moment ? »*

Elle va trouver ça formidable

Donc il faut trouver ce subtil mélange de présence envers et contre tout et de fausse décontraction afin de la laisser respirer. Le maître mot de cette grossesse est « équilibre » ! Et surtout durant les trois premiers mois où vous n'êtes vraiment que tous les deux (on a dit qu'on ne prévenait personne, n'est-ce pas ?).

LE 3E MOIS

(Onze à quinze semaines d'aménorrhée)

LA FUTURE MAMAN :

Les nausées se calment enfin (normalement...).
Physiquement, ça commence à aller mieux.
Moralement, elle est en revanche plus émotive...
Elle doit porter des vêtements plus amples, sinon le petit ventre se verra !
On ne dit toujours rien, mais c'est pour bientôt !

LE FUTUR BÉBÉ :

On ne parle plus d'embryon, mais de fœtus.
À la fin du troisième mois, il fera une dizaine de centimètres pour 50 grammes.
Il a dix doigts.
Ça y est, c'est un garçon ou une fille, mais il est trop tôt pour le savoir.
Il a acquis le sens du toucher.

LE SUPER-PAPA :

Tout n'est pas au point, mais on commence à comprendre comment gérer et soutenir la maman.

La vraie première claque viendra après l'écho :
Alors ? Ça y est ? On a enfin percuté ?

DÉMARCHES À EFFECTUER :

RDV pour la 1re écho.
Inscription à faire à la maternité.
Choisir son mode de garde.

REGARDEZ !
IL FAIT LA TAILLE
DE MON POUCE

LA 1RE ÉCHOGRAPHIE

Clairement, il y a un *avant* et un *après*.

Cette première échographie, c'est la première vraie rencontre avec votre bébé, c'est aussi une validation médicale, le sésame qui permettra, enfin, d'annoncer cette grossesse au monde entier (même si globalement le « monde entier » s'en moque un peu).

Lors de la prise de rendez-vous, on vérifie, nous les super-papas, notre dispo… Parce que oui, bien sûr, on a des trucs importants à faire : le squash, les copains, les restos, les copains (et le boulot ? « *Ah oui, c'est vrai, j'ai un boulot !* »). Mais si on veut commencer à marquer des points dans la colonne super-papa, ne pas avoir le droit au regard plein d'incompréhension de Jerem', cousin par alliance de sa chérie, Môssieur parfait-donneur-de-leçon, si on veut éviter les reproches à VIE de son enfant (« *Quoi ? Maman était seule pour me voir la première fois parce que tu lavais la voiture ?* »), on établit maintenant le sens de ses priorités !

Établir le sens de ses priorités

Autre chose (pendant qu'on y est) : au bureau, il va falloir qu'ils se fassent à l'idée du collègue père de famille.

Le prochain « *il est 18 h, tu t'en vas ? Tu as pris ton aprèm' ?* » va se terminer à coup de jet d'agrafeuse sur la tête de Kevin !

Alors, on assume ! Même si personne ne sait, encore, pourquoi Kevin a une marque bizarre en travers du visage depuis 18 h 02…

Pas besoin d'ingurgiter la bouteille entière

J'en profite aussi pour briser une vieille idée reçue : avant une échographie, la future maman n'a pas besoin d'ingurgiter la bouteille entière d'Évian (de Contrex, de Cristaline...) sur le pas de la porte du cabinet médical !

Ça fonctionne aussi sans.

La 1re écho, c'est donc la première rencontre avec le bébé (pas bébé… **le** bébé !). Mais aussi la 1re rencontre avec la salle d'échographie. et là, OH ! Surprise : il n'y a pas de jolis rideaux en taffetas rouge, de bougies parfumées et une musique d'ambiance très à-propos... Non, ça reste un rendez-vous médical, plein d'émotion certes, mais médical avant tout.

La personne en charge de l'examen (médecin ou sage-femme) va :

- Écouter le cœur.
- Prendre les premières mesures.

- Regarder si « tout est là ».
- Compter le nombre d'embryons (oh, des jumeaux, oh, des triplés…).
- Elle va aussi observer sa vivacité (oui, c'est normal qu'elle appuie sur le ventre ! Enfin doucement quand même !).
- Elle mesurera aussi la clarté nucale (espace vide au niveau de la nuque) afin d'écarter certaines anomalies comme la trisomie 21.

En bref, elle va vérifier que tout va bien et que l'embryon va pouvoir continuer son développement normalement, que la grossesse suit son cours sans complication.

Quelques petits conseils pratiques :

Pas de doigts sur l'écran ! « C'est quoi ça ? Et ça ? » Oui, on ne voit pas forcément très bien, mais LE spécialiste est là (il ou elle est en blouse blanche) et pourra tout vous expliquer. N'hésitez d'ailleurs pas à poser des questions :

- L'échographie, ça fait mal au bébé ?
- Et le gel, il est pas trop froid ?
- Vous êtes sûr pour la date d'accouchement ?

Ne vous épanchez pas sur vos angoisses de futur papa, c'est la future maman qui est sur la table… (Vous pouvez pleurer, mais discrètement !) Attendez que le docteur ait mis le son avant de paniquer (« *Et son cœur ? J'entends pas son cœur ! DOC !* »).

À la fin de cette magnifique première rencontre (à sens unique, la crevette, pour le moment, elle nage et c'est tout !), le gynécologue pourra donner la validation ultime.

C'EST BON :
VOUS POUVEZ L'ANNONCER !

Ô joie ! Vous partez en courant (une envie soudaine de danser dans la rue ? De faire la *ola* avec les passants ? Vous attendez votre chérie quand même… (elle aime aussi ça, danser…), sans oublier bien sûr la feuille que le doc vous tend : c'est la photo de l'écho !

Ce n'est quand même pas rien, la 1re photo du bébé (DU bébé pas DE bébé…) !

Et après une grosse journée au boulot, on peut donc se retrouver, en parler et passer la soirée tranquille à deux, photo de l'écho à la main, à se demander comment l'annoncer et surtout à qui en premier !

L'ACHAT DU GROS MATÉRIEL
Partie I : Le transport

Oui, un bébé dort, mange, salit ses couches (des kilos...), mais il est aussi mobile ! Il nous accompagne pendant les courses, va voir ses grands-parents, fait sa petite visite chez le pédiatre, passe refaire couper sa frange chez le coiffeur... Bref, un bébé ce n'est ni une contrainte, ni un poids, ni un empêcheur de faire ce qui était prévu (sauf le baptême de parachute !)... pour peu qu'on ait le bon accessoire !

Pour peu qu'on ait le bon accessoire !

La poussette ? OBLIGATOIRE

Bien la choisir ? INDISPENSABLE

Un choix à faire en couple, pour éviter les petites réflexions à chaque sortie (« *C'est sûr, elle est pratique, tout ça... mais j'aime pas !* »). Parfois, un des premiers choix d'équipement des futurs parents, sur le look duquel la maman a souvent des idées arrêtées (« *Mais regarde, je te dis : ils l'ont en bleu électrique !* »), mais au super-papa aussi de bien étudier les modèles. Un peu comme au Salon de l'auto...

Étape 1 : On se pose les bonnes questions.

Une recherche rapide sur le Net le montrera, il y a autant de modèles de poussette pour le futur membre de la famille qu'il y a de monospaces sur le Salon de l'auto (ça fait beaucoup hein ?).

Entre 400 € et 600 € en moyenne

Sans compter que selon le choix final, on s'endette sur 10 ou 15 ans ! (J'exagère un poil ! un poil...) ! Autant le dire tout de suite, il faut compter entre 400 € et 600 € en moyenne pour un pack complet ! On oublie la console de jeux à Noël...

Légère, trois roues, fluo, branchée, pas chère, frein à main, personnalisable, high-tech...

Pour s'en sortir au milieu de cette jungle à quatre roues (ou trois...), il faut commencer par cadrer la recherche :

Ville ou campagne ? Très piéton ou très voiture ? Balade « pépère » ou balade « footing » ?

ALORS, VOUS AVEZ FAIT VOTRE CHOIX ?
FINALEMENT ON VA PRENDRE L'OPTION DIRECTION ASSISTÉE MAIS SANS LES JANTES ALU !

Plutôt papa ou plutôt maman ? Solide ou « poussette-à-80 €-qui-se-brise-dès-que-l'on-force-pour-la-mettre-dans-le-coffre-après-les-courses-non-mais-tu-vas-rentrer-oui ! » ?
Bref, une fois que l'on a taillé un peu dans le gras et coché les premières cases, le super-papa est près pour la deuxième étape.

Étape 2 : On se déplace en magasin.

(Non, on ne commande pas tout direct sur Internet, il y a une vie dehors aussi !)
Ce qui est formidable avec cette grossesse, c'est que l'on découvre plein de nouveaux magasins que l'on n'avait jamais remarqués avant !
La boutique « pour bébé », c'est une sorte de monde merveilleux où tout est doux, cotonneux, les gentils vendeurs dansent dans les allées en jetant en l'air des carrés de coton bio…
Non.
La première fois dans un magasin de puériculture, c'est une bonne grosse gifle d'informations dans la tronche !

On pose plein de questions

Des vêtements, des accessoires, des meubles et le tout décliné (presque) à l'infini ! Au milieu, des futurs parents perdus l'œil hagard, façon biche qui traverse une départementale pile devant la voiture… Alors non, les vendeurs ne jettent rien en l'air, mais ils sont quand même LA bouée de sauvetage dans ce nouveau monde ! On fait donc ami-ami et on ne perd pas l'objectif de vue : droit sur le rayon poussette !
On regarde, on pose plein de questions, et surtout on teste !
Comment ça roule ? Est-ce maniable ? lourd ? réglable ? Comment ça se plie ? C'est évolutif ?
Et après s'être posé ces questions pour soi, on se les pose AUSSI pour la future maman, on évite donc le délire geek avec lecteur MP3 et kit mains libres (Pas d'adaptateur pour la console portable non plus ! J'y avais pensé aussi…).

Étape 3 : On en parle autour de soi.

Après être sorti du/des magasin(s) sans rien avoir acheté (dur…), c'est le moment de la soirée potes « spécial retour d'expérience » (forcément IL FAUT une soirée mecs pour débriefer…).
On prend toutes les infos, les conseils, les astuces, les « fausses bonnes idées ». Et on rentre chez soi prêt à valider LA poussette.

Conseils perso :

À moins de ne pas avoir de voiture, je conseille le « pack trois en un » : poussette-coque-nacelle évolutif de 0 à 3 ans. Cela permet d'avoir deux assises de voiture pour les premiers mois. Facile à installer et à sortir de la voiture, la nacelle est l'accessoire idéal pour un dîner chez les copains, pas besoin de lit parapluie les premières semaines, et hop, 5 kg de moins à porter et le bébé dormira (ou pas !) confortablement…

La coque, c'est la phase deux, le bébé est dos à la route (à l'avant – airbag désactivé – ou à l'arrière). Même principe que la nacelle : on sort la structure du coffre, on fixe la coque et hop : balade resto plus shopping !

Dernière chose, si le budget est trop important pour du neuf ou si on veut le dédier à autre chose (console…), on n'hésite pas, une fois le choix fait, à chercher du côté du marché de l'occasion, sauf pour la coque et la nacelle, personne n'achète un casque de moto de deuxième main : c'est pareil !

LES CHOSES À NE SURTOUT PAS DIRE À LA FUTURE MAMAN

Quel que soit le « vrai » caractère de votre chérie, la grossesse est un cyclone sur le quotidien, et si vous ne changez pas (un peu) votre manière d'aborder le quotidien, de lui parler en rentrant du boulot, eh bien le cyclone, il peut vous revenir directement dans la tronche !

Article 1 : Une femme enceinte a toujours raison.
Article 2 : Si une femme enceinte a tort, appliquer l'article 1.

Quelques mises en situation

« C'est bien, ton congé maternité, trois mois de vacances dans le canapé à ne rien faire ! Le rêve… »

Non, elle est enceinte, elle ne fait pas rien, elle crée, construit, développe, bref : un sacré boulot ! Alors oui, il y a peut-être un peu de bave sur le coussin et des cadavres de Toblerone sur la table basse, mais la nature est parfois mystérieuse…

Donc quand elle s'affale dans le canapé, on laisse faire ! *Work in progress…*

« C'est sûr, tu as pris cinq kilos, mais c'est normal, et puis tu les perdras juste après l'accouchement… hein ! »

On ne peut pas savoir combien de kilos seront pris et combien seront perdus, donc : terrain miné !

Elle n'a pas grossi, elle est en harmonie avec son corps !

Elle est tellement épanouie (ou pas…).

Mais jamais au grand jamais on n'aborde le sujet des kilos !

« *Je n'ai pas un peu grossi ?* »

« *Que du ventre !* »

« *Mais regarde, là, et là, c'était pas là avant* »

« *Franchement, je ne vois pas la différence, tu es rayonnante…* »

De plus, quelques mois après la naissance, en regardant des photos, l'effet retour peut être fatal : « *Mais regarde-moi cette grosse vache ! Tu m'as laissée sortir comme ça ? En* JOGGING *en plus !* »

« C'est jeudi soir ! Et comme tous les jeudis, c'est poker avec les copains, je rentre avant 3 h ! »

On va se le dire tout de suite, un bébé, ça se fait à deux, donc les copains vont petit à petit passer au second plan... On casse les habitudes et on s'en crée de nouvelles : ON GRANDIT ! Et puis profitez de vos soirées tranquilles à deux (ça va se raréfier), gardez-vous des jokers « soirées potes » pour après la naissance, ça fait du bien...

« Dis donc, ta mère, elle veut prendre une carte de fidélité ? Si tu veux, on peut lui mettre un lit dans la future chambre du bébé, ça serait plus simple, vu qu'elle est là tous les week-ends... »

Non, si sa mère vient (et que la future maman est d'accord), c'est qu'elle en a besoin ! C'est sa référence, sa bouée de sauvetage ! On peut en profiter pour faire un tour, s'aérer la tête. Alors ? Finalement ce n'est pas si mal, les visites de belle-maman ?

« Écoute chérie, on avait dit que le bébé dormait dans notre chambre avec le berceau au début... je monterai le lit plus tard. »

Pour votre bien-être de futur papa et celui du couple, pas de délai sur les « trucs d'homme » à faire : le lit à barreau ? Une heure à monter. La table à langer ? Trente minutes à fixer. La poussette plus accessoires ? Vingt minutes à déballer (sans s'énerver...). Et après ? À vous les soirées pleines de sérénité !

Après, si elle veut AUSSI que la baignoire, le stérilisateur, le parc et la chaise haute soient « à leurs places »... Là... À voir où placer le curseur du compromis !

« Comment ça, tu te fais un après-midi shopping avec Sophie ? Euh... tu ferais pas mieux de t'allonger et te reposer ? »

Que les choses soient claires : une femme enceinte n'est pas malade ! Donc si elle le sent, elle peut sortir, rire, se coucher tard, vivre quoi. Et tant mieux pour tout le monde. En revanche, après une bonne journée shopping, c'est massage des pieds obligatoire !

« Dis donc, tu vas baisser un peu le ton ! Je ne veux pas de yaourt, je ne veux pas de yaourt, c'est tout ! Toi et tes hormones... »

Alors là, pas de discussion : on cède devant les hormones ! Toujours et sans concession ! Les larmes devant un autre bébé, une publicité (pour yaourt), un chiot ou un lapin bélier, *no comment !* D'abord elle n'y est pour rien, ensuite elle n'y est pour rien ! Et puis on ne veut pas réveiller l'ouragan hormonal... hein ?

« Je vois pas pourquoi je dois dire à ma mère de prendre du fromage pasteurisé pour le déjeuner, c'est chez elle quand même, et puis c'est pas bon ! »

Les fromages au lait cru, c'est peut-être formidable et délicieux, mais pour une femme enceinte, c'est non ! (Les sushis aussi d'ailleurs…)

Il va falloir faire un « brief » à toutes les personnes qui vous reçoivent sur ce que peut et ne peut pas manger une femme enceinte ! Profitez-en pour glisser vos goûts perso… « Désolé mamie, mais tes fameux escargots, c'est pas possible non plus… »

« Si tu savais la journée pourrie que je viens de passer au bureau ! Suis crevé… Y'a quoi pour le dîner ? »

Vraiment besoin d'explication ?

GÉRER LE STOCK DE MOUCHOIRS ET LES CRISES DE LARMES (On prend des actions chez Kleenex ?)

On pourrait prendre le sujet des larmes et autres sautes d'humeur de la femme enceinte à la légère, se dire, macho que l'on est, que ces femmes, alors, un rien les déstabilise vraiment, on ferait mieux d'être nous-même enceint (hein ?)…

En fait, non.

Près d'une femme sur dix subit un épisode dépressif durant la grossesse. Sans aller forcément jusque-là, nos femmes enceintes font face à beaucoup de bouleversements en même temps.

Décryptage !

Les hormones

Au-delà de la phrase toute faite, « *oh, toi et tes hormones….* », la chimie du corps change pendant une grossesse : l'augmentation de la production de progestérone et d'œstrogènes, nécessaire au développement du bébé, provoque fatigue, excitation et sautes d'humeur. Ce sont donc des états émotionnels provoqués physiologiquement par la grossesse. Ça ne sert à rien de lui en vouloir ou de le lui reprocher… De plus, si elle n'aimait pas les reproches avant, ça n'aura pas changé…

Le corps change (et ce n'est pas sale...)

Sur moins d'un an (neuf mois, donc…), une femme enceinte va prendre entre 10 et 20 kilos ! Tout dépendra de sa taille et de son poids en début de grossesse et bien sûr de son appétit (mais pas que…). Et non, tous les kilos ne partent pas avec le bébé…

Ça, les femmes le savent, et l'idée même de voir le corps grossir, les seins s'alourdir, les hanches s'élargir (*bye bye* taille 38 !), des vergetures, de l'acné, ça peut provoquer une certaine sensibilité passagère (ou permanente) sur tout ce qui a trait aux vêtements, à la nourriture, à la plage l'été prochain (« *M'en fous, je serai en bikini !* »). Bref, plus rien ne sera comme avant, et ça… ça peut faire mal !

L'accouchement

Même si la nature est formidable et que le corps se prépare à ce moment pendant neuf mois (voir plus haut), le jour de la naissance, la femme va devoir faire passer un bébé (50 cm et 3,5 kg en moyenne) soit par le vagin, soit accoucher par césarienne (incision de 10 à 20 cm sur le bas-ventre) ! Et ça peut être très douloureux (il paraît…).

La nature est formidable

Tous ces éléments peuvent provoquer des angoisses et de fortes appréhensions, surtout qu'elle n'a plus le choix : il va falloir qu'il sorte, ce bébé, elle ne va pas refuser de pousser quand même (quoique…).

La peur de nouvelles responsabilités

Être parents, c'est, notamment, être responsables d'une petite crevette : À VIE !

Est-ce que votre bébé mange bien, dort bien, fait bien caca (désolé, mais OUI, on va parler caca…), est-ce qu'il a chaud, froid ? L'idée d'être responsable du moindre bobo, de voir la chair de sa chair souffrir, de subvenir financièrement aux besoins, nombreux, de leur progéniture peut être très préoccupante chez certaines futures mamans (et futurs papas d'ailleurs, mais ça n'est pas le sujet !).

Oui, on va parler caca…

Voilà, en résumé, tout ce qui peut être à l'origine de ces fameuses crises de larmes et cette hyperémotivité. Que faire ?

Que faire ? (Titre très à-propos !)

Être là, à l'écoute et compréhensif. Ce sont des moments où la future maman peut avoir besoin de se sentir entourée, comprise, rassurée. Ensuite, le savant dosage entre la décontraction, l'humour, l'engagement, la douceur, la complicité, ne tient qu'à vous. Moi, VOTRE moitié, je ne sais pas comment elle fonctionne, vous oui… alors au boulot !

LE 4[E] MOIS

(Seize à dix-neuf semaines d'aménorrhée)

LA FUTURE MAMAN :

Ça commence à se voir vraiment (il était temps, diront certaines !).

Elle commence à le sentir bouger.

Toujours envie de faire pipi ! (On reste compréhensif...)

Début des douleurs ligamentaires (oui, tout n'est pas rose non plus...)

Un masque de grossesse peut apparaître.

Possible augmentation de la libido (j'ai dit possible !)

Elle doit maintenant éviter les longs trajets, surtout en voiture.

LE FUTUR BÉBÉ :

Son cerveau se développe.

Ongles, poils, cheveux commencent à pousser.

Ses mains sont formées et son corps est mieux proportionné.

Il bouge de plus en plus.

Il peut sucer son pouce (et là, personne ne peut l'en empêcher !).

Durant ces quatre semaines, il passera de 14 à 20 centimètres et de 100 grammes à 200-250 grammes.

LE SUPER-PAPA :

Ça y est, tout le monde est au courant, et bizarrement, on est de moins en moins cool ; entre anecdotes bizarres et copain-jeune papa dépressif sous médocs, ça met un peu la pression. Non ?

DÉMARCHES À EFFECTUER :

RDV pour la 2e consultation prénatale.

Annoncer l'arrivée du bébé.

LE COACHING DE LA FUTURE MAMAN (phase 2)

Le deuxième trimestre est souvent le plus cool, le plus « facile » des trois trimestres que compte une grossesse. Normalement…
Il n'y a évidemment pas de règle absolue quant aux évolutions d'une grossesse, mais de manière générale, du 4e au 6e mois, c'est chouette d'être enceinte ! Raison de plus pour ne pas laisser tomber les efforts entrepris pendant les trois premiers mois sous prétexte que le plus dur est passé ! (En plus ça n'est pas vrai : le plus dur, c'est APRÈS l'accouchement !)

Assistant « cocooning »

Chouchoutez votre chérie : si elle aime son joli ventre, est radieuse et épanouie, si les hormones peuvent la rendre très très avenante (mais ça n'est pas obligatoire… je n'ai jamais dit que c'était sûr…), il y a quand même quelques côtés négatifs. Elle commence à être très fatiguée en fin de journée. Elle peut aussi avoir mal au dos, les jambes lourdes (surtout en été) et quelques vergetures peuvent apparaître sur le ventre.

Gérez point par point

Grosse fatigue :
Laissez-la se reposer ! Elle dort le samedi matin ? Laissez faire ! Le dimanche ? Pareil ! Une sieste à 18 h alors que l'on a rendez-vous à 19 h pour l'apéro ? Annulez (ou allez-y seul), c'est le moment de casser les habitudes et de la faire passer en priorité.

Mal de dos :
Facile ! Le soir, devant la télé, avant de vous coucher : MASSAGE, MASSAGE, MASSAGE ! Avec crème, huile ou à mains nues, à elle de voir, sans oublier de vérifier auprès du pharmacien que le produit est compatible avec sa grossesse.

IL NE ME MANQUE PLUS QU'UN PETIT COCKTAIL DE FRUITS ET JE SUIS AU PARADIS !

Jambes lourdes :
Re-facile ! Massage, massage… Petit détail supplémentaire, il existe des crèmes « jambes lourdes » (comme c'est pratique) qui sont donc parfaites pour… les jambes lourdes !
Ne pas hésiter à lui faire aussi des tisanes « jambes légères ».

Vergetures :
Lignes blanches zébrées qui apparaissent quand la peau se distend, elles sont souvent disgracieuses et redoutées par les femmes.
Vous pouvez l'aider et la soutenir dans sa lutte effrénée contre ces foutues lignes en lui passant tous les jours de la crème antivergetures sur le ventre.

50 à 70 % des femmes enceintes de leur premier enfant ont des vergetures.

Premiers moments à trois ?

Le deuxième trimestre, c'est aussi le moment où le bébé commence à manifester sa présence ! D'abord à sa maman, puis au monde entier (donc à son papa…).
Donc aménagez-vous des moments de calme ou de proximité avec votre moitié et son ventre : vous pouvez chercher les premiers signes de réponses au toucher, à la voix.
Pour info, une femme enceinte sent son bébé bouger vers le milieu du deuxième trimestre. À cette période, le fœtus commence à entendre la voix de sa maman et réagit au toucher. Pour qu'il entende la voix de son papa, il faut plutôt attendre la fin du sixième mois de grossesse. Patience !

Moments de calme ou de proximité

Oui, c'est plutôt détente, mais le coaching d'une femme enceinte (surtout la sienne), c'est une course de fond, alors profitez de cette accalmie et de ces moments de douceur pour recharger les batteries et être prêt pour le coaching phase 3 et l'accouchement !

IDÉES POUR ANNONCER LA GROSSESSE

Ça y est ! Le docteur a dit « *O.K., le bébé va bien », et vous serez trois dans six mois. Il est donc temps de le dire, de le crier, le hurler, le chanter ! Faites-le comme vous le voulez, mais faites-le !* ».
Quelques conseils, non pas pour être originaux (quand tout le monde est original…), mais pour faire de votre annonce un moment marquant, émouvant, bouleversant (soyons dingue) pour votre entourage.

Par qui commencer ?

Sincèrement, peu importe, par qui vous voulez ! La meilleure copine, la gardienne, le voisin-de-palier-sympa-qui-vous-a-prêté-un-tire-bouchon-une-fois, c'est à vous de voir. MAIS vos parents respectifs (et donc futurs grands-parents/possiblement baby-sitters gratuits !) doivent avoir l'illusion qu'ils sont les premiers !

À éviter…

- … toutes les annonces qui ne vous ressemblent pas (ça paraît évident comme ça, mais on évite par exemple la chanson avec sa guitare dans le jardin si on ne chante pas juste…).
- … de commencer votre discours par : « *Papa, maman, on a une annonce à vous faire…* » avec des parents, très très protecteurs et/ou très très angoissés par la vie. La réaction qui vient le plus souvent face à ce début d'annonce est la phrase réflexe « *Tu n'es pas enceinte au moins ?* ». Dite avec humour ou appréhension, elle brise dans l'œuf tout sentiment de légèreté, de bien-être, de « c'est chouette d'être parents ! » (Évidemment, cela ne les concerne pas tous… mais quand même !)
- … d'annoncer de but en blanc « *alors, tu vas bientôt être mémé !* » à une femme qui refuse de vieillir (c'est son droit). Cela risquerait de provoquer des années supplémentaires d'analyse (et donc de temps en moins pour garder votre petit monstre…) !

L'annonce aux parents

« Voilà, on a quelque chose à vous annoncer : on attend un bébé ! Et c'est pour dans six mois ! » C'est simple, c'est clair, on ne peut plus limpide… mais vous trouvez que ça manque un peu de fantaisie ? De surprise ? Aucun problème !

Il y aura toujours une occasion, un dîner, un anniversaire, une fête de famille, pour faire de vos parents des grands-parents ! On en profite pour s'amuser ? Message subliminal ?

Le « placement de produit »

Café Grand'Mère, confiture *Bonne Maman*, yaourt *Mamie Nova*… c'est très classique, mais ça marche toujours, et ça ne vous empêche pas de trouver une autre marque, un film, une chanson, un livre (*Guide du super-grand-père* ? On y pense…)

Le cadeau « plusieurs degrés de lecture »

La pelote de laine, des planches de bois, un babyphone, des coins de tables en plastique, des places pour un parc d'attractions (*« On a passé l'âge… » / « On en reparle dans neuf mois ? »*).

Le cadeau visuel

Un joli cadre avec la photo de la première échographie.

L'effet « tire larmes »

Pour les geeks et/ou technophiles avertis, la vidéo sur clé USB avec un effet chronologique. De votre enfance à l'adolescence, en passant par le mariage, l'emménagement, la vie de couple, le tout sur un air de piano léger se terminant par un beau silence avec la photo de l'échographie et le son du battement du cœur… j'en ai déjà les poils qui se dressent !

L'annonce à la famille

« Voilà, on a quelque chose à vous annoncer : on attend un bébé ! Et c'est pour dans six mois ! » Quand vous l'entendez, ça ne vous correspond toujours pas ? O.K. !

Vos parents au courant et remis de leurs émotions, profitez d'une réunion de famille pour faire votre show !

HEU... BEN... VOILÀ, JE VOULAIS VOUS ANNONCER...
ÇA FAIT 3 MOIS QU'ON TE VOIT PLUS AUX SOIRÉES POKER !
TE FATIGUE PAS, ON A DEVINÉ !

En mode « j'assume »

C'est le moment de l'apéro, Jean-Pierre se met au bar et fait le tour, arrive le moment de la future maman qui annonce un fort, ferme et assumé : « *Pour moi ça sera sans alcool… au moins jusqu'à la naissance !* »

En mode « maître de cérémonie »

Pour les 80 ans de mamie, tout le monde est là, dans la salle des fêtes ? Parfait ! Après le gâteau et le cadeau commun (on ne casse pas l'ambiance, ni l'organisation), on va à deux, sur scène, faire l'annonce au micro :

« *Pardon Mamie, désolé de te vieillir encore, mais dans six mois tu seras arrière-grand-mère !* »

L'annonce aux copains

« *Voilà, on a quelque chose à vous annoncer : on attend un bébé ! Et c'est pour dans six mois !* » C'est toujours pas votre truc ? Mais d'accord ! Très bien… Ah, les copains ! Pas de conseils ici pour la meilleure amie de sa moitié (ne jamais s'en mêler), mais plutôt pour profiter d'une soirée cool et changer le cours de TOUTES les conversations.

« Je suis super booké ! »

On peut demander un moment d'attention, pour faire un point calendrier :

« *O.K., tout le monde prend son tél', on se note le 26 mars ! O.K. ?* »

« *O.K., mais il y a quoi, le 26 mars ?* »

BIM !

« Je suis super détendu »

Tout le monde est là : LA bande, tous affalés dans des coussins, fauteuils et canapés, et tous discutent bien tranquillement. Vous faites évidemment partie de la conversation :

« *Je suis totalement d'accord avec toi, Bruno… Mais tu verrais la vie autrement si comme moi tu allais être papa dans six mois.* »

RE-BIM !

« Je suis un gros lourd »

Si l'ambiance est au rire gras et à la grosse vanne, on peut avoir le courage d'en rajouter :

« Moi tu vois, ma femme a grossi… et ça sera pire dans 6 mois ! Le médecin a dit au moins 15 kilos ! Voire plus si elle attend un garçon… »
SUR-BIM !

« Je suis sur tous les ragots »
Si, dès que vous êtes plus de trois, c'est radio potins, le fameux « qui couche avec qui », il faut évidemment attiser leur curiosité :
« Au fait, tu sais qui va être papa ? »
OVER-BIM !

L'annonce aux collègues

« Voilà, on a quelque chose à vous annoncer : on attend… » Ah non ! Là, c'est sûr, ça ne marche pas ! Au bureau on est tout seul… vous n'allez pas la faire venir quand même !
Après avoir prévenu son patron (on évite les blagues, il pourrait avoir une réaction bizarre…), on peut annoncer :
- L'arrêt des heures sup' (plus là après 18 h !).
- Que vous allez, enfin, bientôt utiliser les jours enfant malade.
- Que vous arriverez toujours avant 9 h 30 (vous serez levé depuis 6 h, alors…).
- Que dorénavant vous assisterez au Noël de la boîte (à vous les chocolats !).

Certains riront de bon cœur, d'autres non… mais au moins ils seront prévenus !
Bien sûr, impossible de clore le sujet sans parler des réseaux sociaux : le monde entier DOIT savoir… (ou pas d'ailleurs, c'est vous qui voyez). Une photo d'un ventre rond, d'une écho, du test positif, de la future chambre d'enfant… Un joli visuel permet de faire une annonce tout en restant un peu mystérieux… et le mystère, le « monde » adore ça !

LES « CADEAUX » DE BELLE-MAMAN

Eh oui ! Après « l'annonce », la grossesse devient publique et donc, pourquoi pas, celle de tout le monde.
Quelles que soient les intentions, bonnes, mauvaises, par jalousie, par empathie, il va y avoir autour de votre foyer, jusque-là si calme, une nuée de conseillers, d'observateurs qui ne vous veulent que du bien… Enfin, du bien au bébé !

En tête de gondole : la belle-mère !

La vôtre (la mère de votre femme) ou la sienne (votre propre mère) : elle pourra, selon son caractère et le nombre de petits-enfants qu'elle a ou n'a pas, avoir un fort intérêt pour le bien-être du futur bébé et devenir selon les moments très envahissante !
Pour justifier sa présence et la rendre totalement irréprochable : les cadeaux !
Le cadeau « de belle-mère » est une sorte de cheval de Troie. Il lui permet non seulement de se pointer à l'improviste, mais aussi de marquer la future chambre du bébé au fer rouge (ou comme un chien qui marque son territoire aux quatre coins, je vous laisse l'image au choix).

Que dire ? Que faire ?

Les peluches
Toutes les semaines. À heure fixe. Belle-maman apporte son quota de douceurs pour son le futur bébé : des boules de poils peluches !
Parmi les myriades de possibilités mises en rayon dans les magasins spécialisés, on distinguera trois grandes familles.

Les doudous-like : lapin aux grandes oreilles, nounours avec une cape ou écureuil volant, la belle-mère veut par cet acte être au plus près du bébé, tout le temps, tout le temps, TOUT LE TEMPS !
Que l'on se rassure, malgré tous les efforts dépensés pour être celle

qui a offert la peluche « *number one* » dans les bras du nourrisson… c'est lui qui la choisira, et ça ne sera pas forcément ni la plus belle, ni la plus douce et encore moins la plus chère !
(Astuce perso, si l'on ne veut ABSOLUMENT pas que le doudou-like de grand-mère soit l'élu : on le range ! Je ne connais pas encore de bébé de 3 mois qui fouille dans les tiroirs !)

Les monstres : on ne l'avait pas vue venir avec sa petite voix pleine de mystère et de rire et pourtant, on la connaît bien, belle-maman, toujours prête à se faire remarquer…

Et aujourd'hui elle s'est dit : « *Je vais faire les choses en grand ! À l'américaine !* »

Oh ! Tiens, un panda d'un mètre quatre-vingts (si… ça existe…) !

Voilà que la future chambre du bébé, remplie de cartons, à peine peinte, sans lit, ni table à langer, ni armoire, se voit habitée par une peluche plus grande que la future maman…

Un panda d'un mètre quatre-vingts

Difficile à ranger, ce genre de personnage mérite une stratégie dite « du contournement » : si on ne veut vraiment pas du monstre, il faut insister pour que la future grand-mère prépare CHEZ ELLE une chambre pour son petit-fils (ou sa petite-fille), et quoi de mieux que le magnifique panda trônant devant le lit à barreaux ?

La grande galerie de l'évolution (façon museum) : par thèmes ou dans sa globalité, le règne animal n'a aucun secret pour elle, et chaque semaine (chaque jour ? Je compatis…), elle débarque malgré les protestations répétées, avec un nouveau membre de la future famille du bébé. Il faut ABSOLUMENT tous les animaux de la savane avec en priorité le lion, sa lionne et ses lionceaux (ils ont eu des peluches, les lionceaux ?) et bien sûr la girafe (« elle était tellement mignonne… »).

Au final, une mise en espace majestueuse… et plus de place pour le lit !

Solution : un peu de courage non ? Peut-être faire appel à sa raison ? Un lit, c'est utile quand même…

La montagne de fringues

La belle-maman a été une jeune maman (logique !), mais elle a quand même totalement oublié que la croissance d'un nouveau-né force l'admiration et que le temps de ranger correctement les vêtements en trois mois, il faut déjà l'habiller en six !

Et donc, soldes ou pas soldes, elle vient remplir les tiroirs de bodys, blousons, couvertures, salopettes et autres T-shirts à messages rigolos (« *J'aime Maman mais j'adore Mamie* », « *Papa, donne-moi des petits pots, j'aime pas ta cuisine* »… message caché ?).

La solution est dans le problème : le mannequin grandira tellement vite que les vêtements seront remplacés parfois même sans avoir été portés… On lui rend les 8 kilos de tissus pour le prochain ?

CONSEIL

Essayez de lui glisser que les vêtements APRÈS 18 mois, c'est bien aussi (vous aurez vite épuisé les cadeaux de naissance…).

La transmission de reliques

« Mes amours, n'achetez rien surtout ! J'ai tout au grenier ! »

À peine l'annonce faite aux parents que le couperet tombe : non au neuf ! Oui au berceau en cuivre centenaire, dans la famille depuis quatre générations (et bientôt cinq…).

Oui, les parents c'est la diffusion du savoir, une certaine sagesse, mais aussi la passation des objets, et pas forcément les plus opportuns !

AU CINÉMA CE SOIR

« Chérie, ma mère à tout en stock ! »

avec en *guest stars* :

- le lit à barreaux orange (avec termites),
- la baignoire bébé portable (7 kilos ! Sans bouchon, et le fabriquant a fermé en 76 ! Euh… 1876 ?),
- le thermomètre au mercure (il est pas fêlé là ?),
- la chaise bébé en rotin (j'étais pas resté coincé dedans, bébé ?),
- le parc (« ne vous inquiétez pas pour les charnières rouillées, on mettra des rubans »).Et pour finir le *casting* :
- le landau « clodo » (euh… Maman, on s'en servait pas pour aller chercher du petit bois l'hiver dernier ?).

Mon truc à moi pour m'en sortir ? La générosité des « autres » grands-parents !

Vraie sortie de secours ou mensonge blanc, si la relique n'est pas du tout à votre goût, jouez la compét' avec les « autres » !

« C'est très gentil pour le lit, mais mes parents veulent VRAIMENT *nous l'offrir… »*

Lâcheté ? Couardise ? Sans doute…

En résumé, je prône plutôt les stratégies d'évitement.

Lâcheté ? Couardise ? Sans doute, il y a des solutions plus frontales, plus assumées, mais à ce moment-là, pas besoin d'explications : vous maîtrisez.

En revanche, si à ce stade la fuite en avant peut être une solution, attention à ne pas non plus laisser croire que l'on peut TOUT décider à votre place, c'est primordial.

Une grossesse, c'est neuf mois pour passer d'un état d'enfants à celui de parents. (On peut quand même continuer à jouer aux jeux vidéo, non mais sans blague !)

LA GESTION DES COPINES

Dans les satellites qui tourneront irrémédiablement autour de votre petite planète futur-jeune-couple-avec-bébé, il y a les copines de la chérie. Avec ou sans enfant, elles porteront une attention toute particulière à votre moitié au détriment de : votre avis, votre intimité, votre soirée pizza en amoureux prévue de longue date…
Ici, pas de solution, ni de réponse en kit.
Les copines sont souvent bénéfiques à la bonne santé mentale et/ou physique de la future maman et il va falloir apprendre à ronger son frein, à lâcher du lest, en clair : à la fermer !

L'hystérique

« Un bébé ! Un bébé ! »
Virginie est plutôt voire carrément sympathique. C'est la bonne copine avec qui aller en soirée, qui donne toujours un avis, qui a toujours une anecdote à raconter, celle qui vit sa vie à fond et qui la fait partager ! À l'annonce d'une grossesse, elle se mue en une créature douée de deux superpouvoirs : « le cri qui tue » et « le martèlement frénétique de *stiletto* ».
Elle est contente Virginie, VRAIMENT contente ! Impliquée, elle assaille de questions :
« C'est pour quand ? »
« Fille, garçon ? »
« Vous avez fait comment ? » (Heu…)
« C'est quoi le prénom ? Pas Louise s'il vous plaît, PAS LOUISE *! Je me le garde… »*
Pour assumer l'ouragan de bonheur communicatif, une petite prépa psychologique s'impose (je suis là pour ça…). Ou alors opter pour des bouchons d'oreille ?

La dépressive

« À quand mon tour ? »
Zoé broie souvent du noir, toujours même…
Il y a toujours quelque chose qui cloche, qui ne va pas, c'est la copine à problème, poissarde, « verre à moitié vide ».
On s'attend donc à une annonce teintée de repli sur soi, de « *ah…*

c'est bien… », d'un petit moment de gêne avant d'attaquer l'apéro. Qu'on se rassure, Zoé est une copine avant tout, elle se ressaisira et fera un gros câlin plein de larmes d'émotion à sa copine de toujours !

La super meilleure amie de la vie

« Laisse ton mec tranquille, si tu as des contractions, JE *t'emmène à la maternité ! »*

Gaëlle, on l'adore ou on la déteste, c'est selon ! Parfaite pour éviter de culpabiliser lors d'une soirée mecs au mauvais moment (« *Oublie ton mec, chérie ! On va se faire une soirée entre copines… à nous la nuit parisienne !* »), elle peut être redoutablement persuasive quand sa copine n'est pas certaine d'être d'accord avec vous (et pas dans le bon sens…).

Tu peux compter sur moi

Lorsqu'elle « sait », c'est branle-bas de combat, rétro-planning, et prise de position (« *Tu peux compter sur moi ! Toujours !* »). Et c'est vrai que c'est formidable, une copine comme ça. Le problème ? On est là nous aussi, non ?

On évite la confrontation, le mieux est de se briefer avant de voir Gaëlle (on la connaît quand même, depuis le temps), parce que oui, à la maternité, c'est quand même mieux si c'est nous les accompagnateurs. Évidemment, si on est phobique des hôpitaux… on peut laisser sa place à Gaëlle ! Pas de jugement, jamais !

La *stage mum*

« Je te donnerai des adresses pour le bébé nageur, l'éveil aux peintres impressionnistes, les cours de cuisine pour les plats de 5 à 9 mois et forcément le Pilates bébé-maman ! »

Déjà mère de cinq merveilleux enfants, Clothilde est PAR-FAITE ! Toujours en forme, entre deux expos et/ou ateliers d'art plastique pour sa dernière aux Arts-Déco.

Elle est très contente pour vous, il ne lui faut que quelques minutes pour vous abreuver de conseils, de lieux et de moments dans l'évolution de l'enfant À-NE-PAS-LOUPER !

On laisse couler le flot d'infos, mais on reste attentif ! (Comment j'ai fait pour savoir tout ça ? Merci Clothilde !)

La parfaite

Et puis bien sûr, on ne pouvait pas faire l'impasse sur Margaux ! Elle est calme, posée, pondérée et bien sûr à l'écoute ! Présente mais pas trop, elle sait être heureuse pour vous sans tirer la couverture à elle… bref, Margaux est parfaite !

Il va falloir commencer à lui trouver des défauts (au moins un !), sinon elle va finir par devenir énervante…

LA SEXUALITÉ PENDANT LA GROSSESSE

Ici nous allons aborder un sujet… compliqué ! Pas de tabou, non mais au-delà des aspects morphologiques et médicaux, le rapport de chacun au sexe en général et à la grossesse en particulier fait qu'il n'y a pas une seule et même « bonne » ligne de conduite.
On va essayer de démêler tout ça !

Sexe et grossesse, hommes et femmes

Pour certains, aucun problème, ça ne « change » rien, zéro complexe et toujours autant d'attirance ! En revanche, pour d'autres, les changements physiques et/ou l'image que l'on peut projeter de la future mère de ses enfants peut compliquer les choses…
Rassurez-vous, cela n'est pas simple non plus à gérer pour elle !
Le changement de statut, de femme à mère, l'évolution du corps, le regard de l'autre (vous…), et tous les effets secondaires de la grossesse (fatigue, émotivité, nausées, mal de dos), ne mettent pas non plus votre moitié dans les conditions optimales pour un moment intime.
La meilleure des solutions pour débloquer tout ça est d'en PAR-LER !
Ne restez pas dans votre coin avec vos problèmes et interrogations…
Ensuite, il y a d'autres aspects…

Trimestres et libido : comment ça marche ?

Une grossesse, c'est trois trimestres. Concernant les rapports sexuels, ce sont donc trois périodes distinctes :

1er trimestre

« J'ai vraiment pas la tête à ça… VRAIMENT *! Et laisse-moi passer, je vais aller vomir… »*

MON COEUR,
SI T'ES D'ACCORD
ON VA JUSTE
SE TENIR LA MAIN
CE SOIR
22:00

S'il y a baisse de libido au premier trimestre, c'est souvent dû à deux choses :

- la future maman peut déjà se visualiser mère et s'éloigner de son couple (en termes de préoccupation) : il faut savoir être patient et laisser la maternité s'exprimer…
- elle peut également faire face à tous les effets secondaires de la grossesse (les très célèbres fatigue, nausées, sautes d'humeur et vomissements)… Et ça n'arrange rien bien sûr !

2e trimestre

« Chérie, je suis fatigué… on peut faire une pause ? »

« C'est toi qui me dis ça ? C'est MOI *qui suis enceinte ! »*

Ah ! Le deuxième trimestre… C'est la période de la grossesse où la femme enceinte est la plus épanouie et cela se ressent aussi sur sa libido…

Elle se sent belle et rayonnante. Beaucoup des désagréments des premiers mois ont disparu. Elle est plus à l'aise avec son corps. Bref, elle est séduisante, le sait et peut parfois être très coquine…

Préparez-vous donc à être surpris !

De quoi ? Des envies soudaines, du choix des moments (le matin, juste en rentrant à la maison, au milieu de la nuit…) et parfois même de l'intensité !

C'est un beau moment pour le couple, et qui permet de se retrouver avant la dernière ligne droite.

3e trimestre

« Y'a pas « juste » quelqu'un entre nous ? »

Bon, honnêtement, pour les trois derniers mois, ça commence à devenir tendu, pas impossible, mais bon…

J'en ai marre d'être une baleine

Avec un ventre de plus en plus proéminent, une fatigue du corps, du dos et des nerfs de la future maman (« *J'en ai marre d'être une baleine, O.K. ? Alors va jouer ailleurs Flipper !* »), les rapports amoureux deviennent plus « techniques » et moins dans l'improvisation du moment.

Pour chaque couple, c'est plus que jamais du cas par cas, n'oubliez pas de rester à l'écoute de l'état de fatigue (physique et nerveuse) de votre chérie.

Détails techniques

« Avec des dessins ? »

Pour parler positions, on va éviter les schémas techniques et les longs discours (toi-même tu sais…).

Le « missionnaire » sera de plus en plus embarrassant et difficile.

La « cuillère » est une bonne option et soulage les corps.

La « levrette » peut aussi être appréciée et ne sollicite pas le ventre.

Point de conclusion important

Voilà, pour les grandes lignes, ce à quoi s'attendre « sexuellement » durant ces neuf mois. (Pour après la naissance, on verra plus tard…) N'oubliez surtout pas que toutes les grossesses sont différentes et que l'avis du gynécologue ou de la sage-femme qui suit la grossesse de votre femme prévaut SUR TOUT ce qui est écrit au-dessus.

F.A.Q (Franchement réponds Aux Questions mec !)

- Les rapports sexuels en début de grossesse ne provoquent pas de fausse couche : ça ne va pas « décrocher » le bébé !
- Ça ne blessera pas le bébé.
- On ne peut pas toucher le bébé lors d'un rapport. Non. Jamais. Même si la nature vous aime… (Il est tranquille flottant dans son liquide amniotique.)
- On peut faire l'amour jusqu'au dernier moment. (Mais fermez la porte de la salle de travail quand même…)
- Les rapports sexuels ne provoquent pas d'accouchement prématuré. Ils peuvent provoquer des contractions de l'utérus, mais ce ne sont pas des contractions de travail donc pas de problème !

LE 5E MOIS

(Vingt à vingt-quatre semaines d'aménorrhée)

LA FUTURE MAMAN :

Elle se sent mieux, plus épanouie et énergique (heureusement parce qu'elle fatigue un peu question souffle...).

Sûrement à fond, elle se sent « vraiment » enceinte.

Les seins gonflent (oui encore...).

Elle est enceinte au grand jour et tout le monde la trouve trop belle !

LE FUTUR BÉBÉ : IL EST EN PLEINE FORME !

Il donne des coups (des vrais !) : galipettes et étirements des jambes sont au rendez-vous.

Il a des empreintes digitales.

Il réagit de plus en plus aux caresses et à la voix (et celle du papa aussi !).

Il est aussi sensible au goût et peut en reconnaître certains.

Il fera plus de 25 centimètres pour 500 grammes.

LE SUPER-PAPA :

On est à mi-parcours (Yes ! À prendre comme vous voulez...).

Ce n'est pas le moment de prendre du retard sur le rétro-planning.

Au fait : secrètement... on voulait un garçon ou une fille ? (De toute façon, c'est trop tard, mais on va le savoir !)

DÉMARCHES À EFFECTUER :

RDV pour la 2e écho et la 3e consultation prénatale.

S'incrire aux cours de préparation à l'accouchement.

LA 2E ÉCHOGRAPHIE « Bonjour Doc' ! C'est vous qui tamponnez la carte de fidélité ? »

Ah… la deuxième écho ! Ce sentiment de tout savoir, « *je sais, j'ai vu !* », on pourrait même prendre le « bidule » échomachin et faire l'examen à la place du médecin ou de la sage-femme !
La seule chose « vraiment » intéressante avec cet examen, c'est la détermination du sexe, à part ça… on est en « mode blasé » !

La claque, une fois, pas deux !

Cinquième mois de grossesse, la future maman va beaucoup mieux et donc nous aussi, bref on gère tout à deux et c'est bon ! La claque, on se l'est déjà prise à la première écho… Une fois, pas deux !
Le jour du rendez-vous, en retard, après le coucou à la secrétaire (chaste le coucou, on est un futur super-papa…), on subit le regard noir de sa chérie qui, assise dans la salle d'attente, attend… forcément ! Arrive enfin le moment de l'examen. Nous, toujours détente : on sait ce qu'on va voir, la même chose que la dernière fois, mais en plus grand, en plus gros ! La machine chauffe, le spécialiste positionne son instrument et là, BIM ! La grosse claque ! Ça n'a rien à voir.

Qu'est-ce qu'on va voir ? Un mini-nous !

Oui, ça y est ! Il a des bras, des jambes, des pieds, des mains !
Il bouge beaucoup, et peut même sucer son pouce.
Il fait à peu près la moitié de sa taille finale (25 cm) pour environ 500 g.
Et surtout, il est déterminé ! Pas le caractère, non, mais le sexe : c'est un garçon ou une fille ! Vous vouliez savoir ? C'est maintenant ou jamais (voir p. 78) !

Qu'est-ce qu'on va voir ? Le spécialiste au travail

La sage-femme ou le médecin en charge de l'examen a une tâche un peu moins « limitée » que de vous dire si c'est « rose ou bleu » ! Pendant tout l'examen (et pas la séance, on n'est pas au cinéma...), la personne en charge va faire une observation rigoureuse des organes du fœtus. Rythme cardiaque, présence des quatre membres, diamètre de la tête, taille du fémur, du pied... Son but : rechercher les anomalies (ou plutôt l'absence d'anomalie) pour être certain d'avoir à ce stade un fœtus sain, vif et en pleine forme !

On n'est pas au cinéma...

Derniers conseils

Pour le sexe du bébé, attendez qu'il vous demande (il le fera... toujours !). Arrêtez de lui poser toutes ces questions, il bosse ! Voyez ça après, au moment où il est (un peu) moins concentré.

Pensez à apporter une clé USB, il devrait être possible de vous copier les photos du bébé directement en numérique (réseaux sociaux ? À vous de voir...).

Et voilà ! Maman est radieuse, (futur) papa aussi, des gifles comme ça on en veut tous les jours. Prochaine étape avant la troisième écho : le choix du prénom. Mais là, tout de suite, maintenant, la grande question, c'est : « tu ne trouves pas qu'il me ressemble un peu ? »

C'EST LE MOMENT DE DÉCIDER : LE SEXE DU BÉBÉ... On le demande ou pas ?

Le deuxième trimestre commence par un évènement important : on peut enfin connaître le sexe du bébé ! On peut, oui… mais cela ne veut pas dire que l'on veut ! Parlez-en entre vous, voyez déjà si vous êtes d'accord (c'est quand même plus simple), sinon, voyez si l'autre est O.K. pour que la sage-femme ou le médecin en charge de l'échographie du second trimestre inscrive sur un papier le sexe du bébé (à vous de voir qui le lit, un seul ou les deux !).
Si vous et votre chérie êtes hésitants sur cette décision en particulier, voici une technique pour vous y aider. Il n'y a plus qu'à inventorier la liste des avantages pour chaque option.

Savoir le sexe du bébé : avantages

- Pour la future chambre : on peut tout de suite se lancer dans la recherche des éléments de déco « fille » ou « garçon ».
- Pour le trousseau : acheter autre chose que des pyjamas et des bodys blancs ou noirs (d'autant plus que noir, c'est branché mais… compliqué à trouver).
- On divise par deux la problématique des prénoms (voir chapitre suivant).
- On peut visualiser les parties de foot ou les soirées *Reine des neiges*.
- Descendre à la cave chercher soit son train-électrique-de-quand-j'étais-gamin, soit sa-collection-de-poupées-avec-tous-les-accessoires-et-bien-sûr-toutes-les-robes-et-même-le-maillot-une-pièce ! Ça fera un peu de place…
- Si vous avez déjà des enfants, ça leur permettra de s'y faire ! (« *Mais papa, je t'avais dit que je voulais une petite sœur ! Les garçons, c'est vraiment trop nul ! Alors change…* » « *Euh… comment te dire… on n'a plus le ticket ?* »)

VRAIMENT SYMPA CETTE DÉCO !
ÇA ME FAIT PENSER À ALCATRAZ

Ne pas savoir le sexe du bébé : avantages

- La surprise ! La magie du moment le jour de l'accouchement.
- Pas de pression de la famille (on ne peut pas révéler ce que l'on ne sait pas…).
- On peut assumer un total look/déco *Black & White*.
- Pouvoir résister à la pression infernale de ceux qui veulent AB-SO-LU-MENT savoir (et cela procure un vrai plaisir coupable…).
- À part ça ? Non rien, je ne vois pas…

Un petit coup de pouce ?

Pour finir ce chapitre, un peu de fourberie (oui j'aime bien…). Si jamais vous voulez savoir et que votre femme ne veut pas (c'est son droit…), un petit truc de grand-mère version mec :

Lors de la deuxième écho (celle qui permet normalement de déterminer le sexe), la personne en charge de l'échographie le saura avant de vous demander si vous voulez connaître le sexe. En règle générale, plus elle vous demande rapidement, plus il y a de chance que ce soit un garçon, pour une raison très simple : même bébé, un garçon a des attributs visibles !

Il n'en reste pas moins que c'est un truc de grand-mère (vérifié quand même pour mes deux garçons), mais qui n'a strictement rien de scientifique ! (Suis pas médecin moi…)

LE CHOIX DU PRÉNOM Marcel ou Kevin ? Tout un programme...

Depuis qu'elle est toute petite et qu'en jouant à la poupée elle se rêve maman, elle sait ! Oui, elle connaît le prénom de votre fils ou de votre fille depuis 15 ans. Toutes ses copines, sa sœur, ses cousines sont au courant : ils sont RÉ-SER-VÉS ! Facile, non ?
Seulement voilà, si vous lisez ce livre, c'est qu'elle ne fait pas un bébé toute seule et que vous allez donc participer à cette décision…
Allez hop ! On balaye les rêves de petite fille ! Avec beaucoup de tendresse et de diplomatie quand même…

Le début d'une guerre de tranchées ?

Peut-être, rien n'est moins sûr.
C'est le premier choix que vous allez prendre pour votre enfant, et il y aura peut-être des désaccords : moderne ? rétro ? en hommage au grand-père ? court ? long ? original ? très original ? Très très original ? Moi aussi, j'aurais voulu que mon fils s'appelle Aragorn et ma fille Khaleesi, mais bon… « Trop lourd à porter », il paraît… Chacun a des envies, des sensibilités, le tout est de trouver un terrain d'entente !

Court ? Long ? Original ?

Pour commencer, on *brainstorm* !
On balance tous les prénoms qui nous passent par la tête (et on les note évidemment…). On regarde aussi les tops prénoms de l'année en cours, pour deux raisons : soit pour connaître la tendance et la suivre, soit pour la connaître ET NE PAS la suivre… Originalité quand tu nous tiens ! (Et Gandalf, il est dedans Gandalf ?)

Les tops prénoms de l'année

Ensuite ? Que fait-on lorsqu'on a la belle liste faite à deux ? On se débrouille ! En douceur ou conflit ouvert avec exhumation de « vieux dossiers », chacun a ses habitudes de couple (et moi, les conseils de couple… un prochain tome ?). Le tout, c'est d'arriver au moins à un « top 3 » garçon et « top 3 » fille, histoire de bien digérer

J'ADORE LES PRÉNOMS CELTIQUES JE TROUVE ÇA TELLEMENT CHARMANT POUR UNE FILLE
ET POUR GAMELLE, C'EST QUOI QUI T'A INSPIRÉ ?

tout ça. Et on laisse maturer, on visualise, on projette : on voit ce que ça pourrait donner ! Quand on l'appelle dans la rue, quand on lui demande de ranger sa chambre, quand il aura 6 mois, 6 ans, 30 ans…
Une fois le prénom choisi, pensez aussi à son orthographe qui elle aussi peut être source de désaccord (Diana ? Ou Daiana, comme ça se prononce ?). Et c'est reparti pour un tour !

Un seul prénom ?

Un détail : pour la déclaration de naissance de votre bébé, il faudra indiquer TOUS les prénoms, donc si vous voulez que votre enfant ait le prénom des grands-pères, des parrains/marraines ou les autres prénoms de votre liste… soyez prêts !

Bon ! Secret secret ou tout le monde au courant ?

Conseil : choisissez, mettez-vous d'accord et GARDEZ-LE POUR VOUS !
Pour deux raisons. La première, vous serez libres d'en changer avant la naissance. La deuxième, personne ne cherchera à vous faire changer d'avis Si votre belle-mère DÉTESTE le prénom, après la naissance, elle fera avec (et finalement ne trouvera pas ça si mal… ou pas !). Si elle est au courant avant la naissance, elle peut dépenser toute son énergie à vous persuader d'en changer !
Après, si vous aimez la fourberie et que vous n'êtes pas d'accord avec le prénom « choisi » (ce que femme veut…), vous pouvez justement l'annoncer avant la naissance… Qui sait ? « Belle-maman » arrivera peut-être à faire changer d'avis sa fille… (C'est fourbe ? Je sais…)

Dernier point…

C'est la naissance, le bébé est né, à vous les responsabilités administratives ! On garde la tête froide, et on ne se trompe pas ni dans les prénoms (orthographe entre autres), ni dans l'ordre des prénoms !
Attention, sinon Mathéo Barnabé deviendra Barnaby Mattéo !
Mais bon, se tromper à ce point, même sous le coup de l'émotion, ça n'arrive jamais… N'est-ce pas ?

LE 6ᴱ MOIS

(Vingt-cinq à vingt-huit semaines d'aménorrhée)

LA FUTURE MAMAN :

Elle est de plus en plus fatiguée (c'est que ça commence à devenir lourd, ce truc…).

Elle doit se reposer.

Elle peut avoir, de nouveau, de fortes douleurs ligamentaires et musculaires.

Elle peut également ressentir des contractions légères.

Elle découvre avec délice que son futur bébé peut déjà lui faire mal au dos et l'empêcher de dormir (c'est que ça pèse à 6 mois…).

LE FUTUR BÉBÉ : Il est en pleine forme !

Il serre ses poings, attrape ses pieds (il fait le malin quoi…).

Il entend de mieux en mieux, notamment les sons extérieurs, il a donc besoin de calme.

Il ouvre les yeux (et voit quoi ? Mystère…).

Il dort beaucoup.

Fin du 6e mois, la crevette mesurera autour de 35 cm pour 1 kg. (Oui monsieur ! On peut être fier…)

LE SUPER-PAPA :

On repasse en mode cool (ou presque), la future maman, fatiguée, est de plus en plus en demande du super-papa.

Dernière ligne droite, on commence à être dans le concret concernant l'arrivée du bébé (Non ? Aïe…).

On a réussi à trouver un terrain d'entente pour le prénom ? Non ? Normal… plus que trois mois pour être d'accord (ou pas…).

DÉMARCHES À EFFECTUER :

RDV de la 4e consultation prénatale.

Dernier délai pour déposer le dossier en crèche. Vous avez choisi son mode de garde ?

UNE PETITE COUVADE, MOI ?
ABSOLUMENT PAS !
noisette
CHIPS
Cola

VOUS NE NOUS FERIEZ PAS UNE PETITE COUVADE ? (On marche sur des œufs…)

Alors ? On est « enceint » ?

La couvade ou grossesse nerveuse est à prendre au sérieux. 20 % des hommes en France passeraient par cette épreuve.

De quoi s'agit-il exactement ? C'est l'apparition chez le futur papa des mêmes symptômes que chez sa femme enceinte :

SYMPTÔMES

- ☐ Prise de poids (de 10 à 15 kilos)
- ☐ Envie subite (et hop ! Un pot de beurre de cacahouète à 3 heures du mat')
- ☐ Hypersensibilité (Pourquoi je pleure ? Parce que j'ai mis 10 minutes à me garer !)
- ☐ Nausées
- ☐ Fatigue
- ☐ Et parfois jusqu'aux douleurs abdominales (type contractions de travail)

Et on ne se moque pas ! Au-delà du fait que presque un homme sur cinq est concerné (qui ça ? VOUS ?), ça n'est pas fantaisiste ! Selon les individus et les psychologues, cela peut-être dû à un besoin de créer un lien, de participer plus activement à la grossesse, le moyen d'exprimer ses doutes, ses inquiétudes, parfois une forme de jalousie envers l'attention que provoque une femme enceinte (« Et moi ! Et MOI ! ET MOI ? »). Dans tous les cas, cela concerne souvent des hommes impliqués et concernés par la grossesse et la naissance. De futurs super-papas ? Sûrement !

Bon ! Je suis concerné ! C'est grave ?

Pas d'inquiétude, la couvade n'est ni grave, ni dangereuse ! Tout cela disparaîtra avec le bébé ! En revanche, si c'est vraiment difficile à vivre, on lâche le livre et on va voir son doc' (généraliste ou psychologue).

Que faire ?

Attendre le bébé ! Sinon, pour diminuer les symptômes et surtout la prise de poids, on peut s'astreindre à la même hygiène de vie que sa douce : bien dormir, boire beaucoup et manger léger !

Envie de grignoter ?

Je sais… On a envie de manger n'importe quoi, n'importe quand… Du chocolat, des Knacki crues, des rillettes, des céréales, des crêpes à la banane et au Nu… JE SAIS !

Deux étapes :

- On fait les courses après un repas (ne pas les faire du tout est plus compliqué avec une femme enceinte…), car comme disait le philosophe Philippe Candeloro : « Faut pas aller au supermarché quand on a faim ! »
- Et pour tout grignotage irrésistible, on remplace l'hypercalorique par l'hypocalorique ! Pain, chocolat, Granola deviennent fruits, radis et surimi !

Allez courage ! Même si vous êtes à fond dans la couvade, en parler avec la principale intéressée peut aussi permettre de « dégonfler » la situation !

LA PRÉPARATION À L'ACCOUCHEMENT « On simule jusqu'où les répétitions ? »

Même si les femmes font ça depuis 150 000 ans (à la louche…), lorsque l'accouchement approche, on peut noter une forme d'appréhension chez la femme enceinte primipare (voir lexique page 34). Euphémisme ? Probablement ! Et nous parfois, les futurs super-papas, nous ne sommes pas en reste, parce quand même… ça n'a pas l'air simple de loin, alors de près ? *« Chérie, tu veux VRAIMENT que je sois dans la salle avec toi et que je coupe le cordon ? Je peux pas rester dans la salle d'attente et fumer un paquet de cigarettes ? Non, je ne fume pas, mais je ne vois pas le rapport ! »*

On peut noter une forme d'appréhension

Le dernier trimestre est l'occasion de préparer cet accouchement. Voici quelques infos !

Un cours de préparation à l'accouchement, en quoi ça consiste ?

Pour commencer, il faut bien comprendre qu'il n'y a pas qu'UN type de préparation à l'accouchement. C'est comme chez un glacier au milieu d'une zone touristique en plein été : il y en a pour tous les goûts !

Il n'y a pas qu'UN type de préparation

Les papas sont souvent les bienvenus. L'idée générale d'une préparation à l'accouchement étant de comprendre physiologiquement le déroulé du jour J et aider les jeunes couples à s'y projeter.

La méthode traditionnelle, la PPO (Psycho Prophylaxie Obstétricale, et ça n'est pas à retenir par cœur, il n'y a pas d'interro à la fin du bouquin)

80 % des femmes qui suivent une préparation la choisissent.

Théorique et pratique, cette méthode permet de rassurer les futurs parents en leur expliquant toutes les étapes de ce *mystérieux* moment et notamment en apprenant à la maman comment respirer pour gérer ses contractions et sa douleur et au papa comment la soutenir au mieux. C'est le fameux « accouchement sans douleur » !

Pour plus de détails : suivez le cours ! Je ne voudrais pas vous gâcher la surprise… pas de *spoiler* dans cette page !

Allez… Je ne résiste pas à l'idée de planter le décor :

Entourés de parfaits inconnus

Des « bientôt papa » et des « bientôt maman » ensemble, deux par deux (c'est mieux) vont s'entraîner à vivre un des moments les plus intimes et personnels de leurs vies. Et tout ça en groupe, entourés de parfaits inconnus : la bande de couples-on-vit-la-même-chose-mais-en-fait-c'est-vraiment-perso-notre-truc-à-nous… Regards complices entre futurs papas ou yeux focus sur la/le coach d'accouchement, c'est selon, mais on a tous en tête à un moment ou à un autre : *« Je dois vraiment faire comme si ma femme allait accoucher là maintenant tout de suite ? Parce que là… tout le monde me regarde, ça me gêne un peu ! »*

Ambiance !

Pour les 20 % restants :

La sophrologie : « la positive attitude » !

Se détendre, gérer stress et émotions sont les maîtres mots de cette méthode qui peut démarrer très tôt dans la grossesse.

Grâce à des exercices de relaxation, votre femme prendra peu à peu conscience de son corps, ce qui lui permettra d'être plus sereine, de mieux accepter et contrôler la douleur, et de vivre son accouchement pleinement.

Haptonomie (non, ça n'est pas une sorte d'apnée…)

Une méthode à privilégier si vous voulez vous impliquer à fond pour l'accouchement (à éviter si c'est l'inverse ! Pas de jugement…).

Vous travaillerez à deux la communication avec le bébé, principalement par le toucher.

Le yoga (pas besoin d'être souple, papa...)

Gérer son accouchement grâce à la connaissance de son corps et à la maîtrise de la relaxation (elle arrivera peut-être aussi à vous supporter...).

Acuponcture (Sûr ? Parce que moi je ne peux pas regarder les piqûres, alors...)

Fameuse technique ancestrale des aiguilles apposées sur les points vitaux de votre corps, elle permet à la femme enceinte de soulager ses douleurs sans médicaments. Effectuée en France par un médecin, c'est sans danger pour le bébé.

La méthode Bonapace (rien à voir avec l'empereur, ni au niveau de l'orthographe, ni au niveau de la prononciation...)

Venue directement du Québec, cette méthode axée autour des massages, postures et points de pression est LA méthode où la présence du papa est obligatoire, c'est l'accouchement à deux par excellence.

Chant prénatal

« Je te veux dans mon équipe ! »

Détente par le chant, cette technique permet de relaxer les muscles qui seront sollicités pendant l'accouchement et de communiquer avec le bébé.

Et il y en a d'autres !

Mon conseil : suivez la plus concernée... Non, pas votre mère ni la voisine ! Mais la future maman... (de toute façon, c'est elle qui vous invitera à participer ! ou pas...)

L'ACHAT DU GROS MATÉRIEL
Partie II : La chambre

C'était le bureau, la salle de sport, la chambre d'amis, la pièce-où-on-va-mettre-tes-trucs-que-je-ne-veux-pas-voir-dans-le-salon. Un vide-greniers plus tard et la voilà vide, prête à recevoir les jouets en bois, les posters de dessins animés horribles et les pleurs à 3 h du matin parce que « *j'ai trop faim !* ».

Pour une chambre de bébé, c'est chacun ses goûts, mais il y a des fondamentaux.

Le lit de bébé

Au-delà de la couleur, de la forme et du style, il faut bien comprendre qu'il est important de bien le choisir et de ne pas faire l'impasse sur la qualité !

Un nouveau-né va passer entre 16 et 20 heures dans son lit, alors si on ramène le prix au temps passé… C'est donné !

Vous trouverez de nombreux modèles différents, mais je conseille fortement le lit évolutif. C'est simple : un lit évolutif permet de garder le même lit de ses premières semaines jusqu'à ses 3 ans. On le monte avec le sommier haut (pour éviter de se casser le dos, c'est mieux !), on descend matelas et sommier au bout de quelques mois pour éviter que votre bébé ne bascule facilement par-dessus bord et on finit par enlever un des deux côtés « barreau » quand votre enfant en a marre d'être en prison ! Certains de ces lits évolutifs vont encore plus loin dans le « pas à pas » en permettant d'abord d'enlever quelques barreaux : l'enfant pourra donc sortir seul mais ne risquera pas de tomber pendant son sommeil.

Entre 16 et 20 heures dans son lit

Le *must* est, en plus, d'avoir le tiroir de rangement à mettre en dessous : ça évite les moutons de poussière et ça permet de ranger des trucs (mais oui ! Draps et housses de matelas par exemple).

T'INQUIÈTE, AU COLLÈGE J'ÉTAIS LE MEILLEUR AUX TRAVAUX MANUELS

La table à langer

Petite info : après la naissance, un bébé n'est pas propre tout de suite et ne s'habille pas tout seul ! Au lieu de le changer sur le tapis, on achète une belle table à langer !
C'est mieux d'avoir une zone de change dans la salle de bains, (si c'est possible) il peut aussi être très pratique d'en avoir une dans la chambre. Si la chambre est assez grande (au besoin, donnez-lui la vôtre, vous n'y restez pas 20 h comme lui…), la table à langer-commode est idéale ! Tous les vêtements de la crevette sont juste en dessous et lorsqu'elle sera propre (et s'habillera presque seule… enfin debout… bizarre pour une crevette), on enlève juste le module table de la commode et hop : la commode se transforme en une commode « traditionnelle » !

Le *babyphone*

Alors oui, bon, d'accord, ça n'est pas du « gros » matériel à proprement parler, mais il fait partie des *must have* des jeunes parents.
Comment choisir cet accessoire haute technologie ?
On en parle autour de soi, et pourquoi ne pas faire des essais avec ceux des copains ? Qualité du son, distance, passage des ondes à travers les murs, si tout est bon, on achète le même ! (Ou alors les fameux copains ont compris les appels du pied et vous le donnent. Un peu forcé, certes, mais ça sert « aussi » à ça les copains !)

Des essais avec ceux des copains

Préférence perso, évitez les *babyphone* trop high-tech/gadget : la *babycamera* ? Non, à moins d'avoir envie de regarder son bébé dormir plutôt qu'un bon film à la télé (Oh ! Il a bougé le bras et l'œil EN MÊME TEMPS !). La diffusion en wi-fi ? La connexion est 100 % sécurisée ou un petit malin peut pirater la source et balancer CE QU'IL VEUT sur le récepteur ? Et puis si c'est vraiment high-tech, les mises à jour sur *babyphone*, ça doit être pire que sur les *Smartphone* bas de gamme…

L'endort-bébé

On ne s'énerve toujours pas, non ce n'est pas « gros », mais c'est quand même indispensable !
À moins d'aimer chanter la même berceuse tous les soirs en faisant bouger des avions en cercle parfait ou pourquoi pas projeter au plafond la

même suite d'images fixes (lapin, vache, coq, ferme, lapin, vache…), il vaut mieux « s'offrir» un « truc-qui-sert-à-calmer-et-à-endormir-le-bébé » ! Il en existe de toutes les sortes et de tous les styles (mobiles, images projetées au plafond, interactifs, programmables, personnalisables…). La seule chose sur laquelle il faut VRAIMENT être attentif est le type de fixation : il doit être compatible avec le lit. Sachez pour finir, qu'il est déconseillé de placer un mobile juste au-dessus de la tête du bébé (sollicitation permanente), au-dessus de ses pieds c'est mieux !

Berceau/couffin/moïse

C'est le moyen de couchage traditionnel pour les premières semaines à la maison.

Totalement optionnel, surtout si le bébé dort directement dans sa chambre ou si la chambre des parents est assez grande pour accueillir le lit à barreaux, c'est quand même un beau couchage à se faire offrir. Mobile, peu encombrant et souvent léger, il permet aux parents d'avoir le bébé dans le salon ou près du lit, jusqu'au moment où vous réalisez que, quand même, du haut de ses 53 cm, il en fait un de ces bruits quand il dort !

Il en fait un de ces bruits quand il dort !

Et dépêchez-vous de faire vos emplettes !
Vous arrivez dans la dernière ligne droite !

LE 7E MOIS

(Vingt-neuf à trente-deux semaines d'aménorrhée)

LA FUTURE MAMAN :

Au niveau activité, elle passe au ralenti.

Elle est maintenant très facilement essoufflée.

Son cœur bat plus vite (et pas QUE parce qu'elle est amoureuse).

Souvent sujette à de grosses fatigues

LE FUTUR BÉBÉ :

Il continue à grossir (comme son papa).

Et prend toute l'énergie de sa maman (comme son...).

Moins de place dans l'utérus, il bouge moins.

Il reconnaît bien la voix de son papa.

Il est déjà sensible à la lumière et aux formes.

Il termine ce 7e mois à 1,5 kilo pour une quarantaine de centimètres.

LE SUPER-PAPA :

Il faut être prêt pour la préparation à l'accouchement (on a ses leggings ?).

Pour le reste on est rodé, en mode pilote automatique !

DÉMARCHES À EFFECTUER :

RDV pour la 5e consultation prénatale.

Assister aux cours de préparation à l'accouchement.

LES 10 TRUCS À FAIRE PENDANT LA GROSSESSE « On est parti pour 20 ans au moins, autant s'amuser un peu, non ? »

Et si… et si on le faisait ? Et si on osait ?
Même si on est sur le point d'être parents, et que ça va changer notre vie, le monde autour de nous ne s'arrête pas de tourner : le chauffeur de taxi sera toujours en train de râler, les retraités feront toujours les courses aux heures de pointe et ma poissonnière fera toujours une crise de nerfs si quelqu'un l'invective (« il est frais votre poisson ? »).

Et si, avec cette grossesse, on en profitait pour le changer, ce monde ? Oh, juste un tout petit peu… À notre échelle, casser la monotonie, apporter de l'imprévu dans le quotidien…

Et si on le faisait VRAIMENT ?

(On emmène sa chérie, ça paraît logique, c'est elle qui est enceinte…)

Oui, je sais, c'est petit, parfois mesquin, mais bon, on peut aimer le côté doux cotonneux (sirupeux ?) que le monde veut parfois imposer à une grossesse, et aussi mettre une petite dose de poil à gratter dans le quotidien… Non ? On en reparle après le n°6 ?

LES 10 TRUCS À FAIRE ABSOLUMENT

- ☐ Faire Disneyland Paris sans faire la queue.
- ☐ Les courses, le samedi après-midi, histoire de passer devant les vieux.
- ☐ Prétexter auprès de policiers en moto que votre femme accouche et vous faire escorter jusqu'à la maternité.
- ☐ Être complètement insupportable à la terrasse d'un café : « Pour l'avenir de bébé, il faut AB-SO-LU-MENT commencer très jeune… Je te rappelle qu'il y a un concours pour son entrée en crèche… »
- ☐ Essayer toutes les poussettes du magasin de puériculture. Mais vraiment toutes… même celles où il n'y a que la couleur qui change.
- ☐ Partir en week-end dans un domaine « spécial escapade romantique », le rendez-vous privilégié des jeunes couples encore épargnés par la vie commune…
- ☐ Tester des canapés et des matelas chez Ikea (moi, j'appelle ça une sieste…). Qui osera vous demander de bouger ?
- ☐ Bus ou métro aux heures de pointe, se poser devant une personne assise avec un regard de chien battu : « C'est pour ma femme, elle est fatiguée… »
- ☐ Au restaurant, demander au serveur de monter la clim, (« Ma femme a trop chaud ») puis, trois minutes après de la baisser (« Ma femme a trop froid »). Et ainsi de suite et encore et encore…
- ☐ Aller au ciné voir LE dernier blockbuster, le samedi soir, cinq minutes avant la séance de 20 h 10, passer devant tout le monde et aller se mettre au fond, au milieu !

UN ENFANT, COMBIEN ÇA COÛTE ? Tiens, c'est vrai ça ! Je prends rendez-vous chez mon banquier ou pas ?

On est entre nous ? Bon, je vais être totalement transparent : quand j'ai eu l'idée d'écrire ce chapitre (dans le fond de ma cave, à la bougie, et au crayon pour éviter que l'huissier devant la porte ne m'entende), je me suis dit « tiens, ça va être marrant, on va prendre tous les postes de dépenses que j'ai avec ma femme et on va calculer sur 18 ans (au moins ! J'ai vécu aux crochets de mes parents jusqu'à 25 ans…), puis on aura un gros chiffre et là, ça sera vraiment super drôle et terrifiant et mon éditrice trouvera ça génial (hein !)… »
J'ai donc commencé à « lister » les dépenses.
Sauf que…
Sauf que ce n'est pas si simple ! (Bah oui, sinon je n'aurai pas écrit cette intro.)
C'est une équation multi-entrée et paramétrable à l'envi ! Pour le coût d'un enfant (mais oui, « *ça n'a pas de prix* », mon banquier a beaucoup ri quand je lui ai dit ça, mon huissier moins…), tout dépend de son salaire, son logement, sa voiture, allaitement, biberon, école privée, publique, mutuelle d'entreprise, vacances avec le CE, chez les grands-parents, fringues neuves, du grand cousin, et encore, et encore…

Mon banquier a beaucoup ri

Donc je ne peux pas en deux ou trois pages faire cet exercice marrant d'additionner toutes les dépenses-que-j'ai-avec-ma-femme…
Alors j'ai fait autrement…

Est-ce qu'on peut calculer le coût d'un enfant ?

Bien sûr ! L'INSEE notamment le fait sérieusement, régulièrement, en fonction de la situation familiale, de la catégorie socioprofessionnelle, de la position de l'enfant dans la fratrie, et d'autres paramètres…

ÉCOUTE BIEN TON PÈRE ! IL EST HORS DE QUESTION QUE TU REÇOIVES PLUS DE 5 EUROS PAR MOIS D'ARGENT DE POCHE JUSQU'À TON MARIAGE
QUESTION DE BUDGET !

Pour synthétiser, il en ressort que :
Le coût d'un enfant tourne autour de 20 % des revenus de la famille.
(Oui ça pique ! On oublie les Seychelles ou on demande une augmentation à son patron, 20 % c'est bien, c'est rond.)
Un enfant ne coûte pas le même prix en fonction de son âge.
Et bien sûr, un deuxième enfant coûte moins cher que le premier (mais on n'en est pas là…).

COÛT D'UN ENFANT

- De 0 à 4 ans : c'est cher
- De 4 à 11 ans : c'est moins cher
- De 11 à 15 ans : c'est très cher
- De 15 à 18 ans : c'est super cher ! (Ça cogne, le budget d'un ado !)

Des exemples ?

On s'accroche à sa carte bleue ? Ça va secouer !

Les couches

En moyenne, un bébé c'est 5 couches par jour (parfois plus, rarement moins).
Cela fait donc 1825 couches à l'année.
Une couche coûte en moyenne 30 centimes.
Coût pour la première année : 547 € de couches sales !
Ça donne envie qu'il soit propre ou d'essayer les couches lavables.

Le lait infantile

Il faut compter à peu près une boîte par semaine (parfois moins, mais bon, on arrondit !).
Coût moyen : autour de 16 €.
Pour un an : 832 €.
C'est pas mal, l'allaitement, hein ?

Les petits pots

À partir de 6 mois, c'est rapidement un pour le déjeuner, un pour le goûter et une soupe le soir.
2 € le petit pot (à la louche…).
Soit 6 €/jour.
1000 € pour 6 mois.
Et le fait-maison ? Ce n'est pas bien le fait-maison ?

Les vêtements

C'est simple, en un an, votre bébé va, au moins, changer 4 fois de taille. Donc on prend un trousseau classique… et on le change tous les 3 mois ! Coût moyen du trousseau : entre 200 € et 300 € (c'est qu'il en faut des habits…).

Soit la bagatelle de 800 à 1 200 € !

« Euh… Finalement Maman… On va récupérer mes fringues de poupon… Oui, même les fuchsia ! »

Le pédiatre

Il y a des rendez-vous obligatoires, et ceux que vous prendrez en plus (« On ne sait jamais… il tousse un peu… »).

On va compter une fois par mois.

Sans dépassement d'honoraires, c'est 31€.

Donc un minimum de 372€.

Les frais de garde

C'est très varié, de plus ou moins 300 € pour la crèche à plus de 1000 € pour l'auxiliaire parentale à la maison. Avant les aides et le crédit d'impôts l'année suivante.

C'est quand même entre 3 600 € et 12 000 € !

Et en vrac, les jouets, les médicaments non remboursés, les peluches, les soins de toilettes…

Bref !

Bien sûr que la chair de sa chair, ça n'a pas de prix !

Mais ça coûte un bras quand même…

Franchement : faites l'impasse sur le dernier *sound system* home cinéma… Vous ne pourrez jamais pousser le son de peur de réveiller le bébé !

EN GROS

• couches	547 €
• lait	832 €
• petits pots	1 000 €
• vêtements	1 000 €
• pédiatre	372 €
• frais de garde	5 000 €
	8 751 €/an

L'ACHAT DU GROS MATÉRIEL Partie III : MÉTRO BOULOT DÉCO...

La chambre du bébé est prête ! Enfin, elle est vidée : le lit, la commode, la poussette, le couffin, la table à langer sont tous là... encore emballés. On en rajoute un petit peu ? Il y a de la place sous la fenêtre...

Le transat

Attention, cet item n'est pas pour vous ni pour la maman, mais bien pour le bébé ! Ça n'est pas parce qu'il dort 18 heures par jour qu'il n'est pas fatigué, ce petit !

Comme les premiers mois, il ne tient ni debout ni assis, et que (oui !) vous voudrez le lâcher un peu de temps en temps, il lui faut un siège confortable et sécurisé pour vous regarder faire danser les peluches sur la musique du *Roi Lion* (grand classique). Résevez-le aux moments d'éveil (pas plus de 10-15 min. au début).

Il ne tient ni debout ni assis

En termes de choix, c'est large ! Simple, design, en mousse, coloré, sobre... Un élément supplémentaire peut être pratique : l'arceau intégré qui se place au-dessus du bébé avec plein de mobiles rigolos (pardon : stimulants...), quand vous en aurez marre de chanter « *Nants ingonyama bagithi Baba Sithi uhm ingonyama* »... NB : le cosy que l'on utilise dans la voiture N'EST PAS un transat ! Ce n'est vraiment pas confortable... Vous avez une banquette de monospace à la place du canapé ?

La baignoire

Ça paraît simple comme ça, une baignoire pour bébé.
Un truc en plastique dans lequel on met de l'eau pour tremper le paquet.
Oui, mais...
Chez vous, la salle de bains, c'est comment ?
24 m² avec jacuzzi au milieu façon Tony Montana ?
Sur le palier de la résidence d'étudiant ? (Vous allez VRAIMENT avoir un enfant ?)

Une jolie salle de douche super déco, avec une douche… justement.
Une salle de bains « normale » (ça ne veut rien dire je sais…) avec baignoire normale, double vasque normale, bidet (norm… on en parle ?).
Et dans tout ça il faut trouver le bon moyen pour baigner le bébé facilement, rapidement, sans se casser le dos et en toute SÉ-CU-RI-TÉ.
Il existe trois types de baignoires :

- celles en plastique rigide (que l'on met dans la baignoire ou sur un support adapté pour être à la bonne hauteur),
- les baignoires gonflables,
- les baignoires pliables.

Les deux dernières étant parfaites pour des espaces réduits et les déplacements.

Par la suite, quand vous serez plus à l'aise, vous pourrez passer au transat de bain (dans la baignoire bébé ou adulte), qui permet d'avoir les mains plus libres puis, à partir de l'âge de 6 mois, à l'anneau de bain qui maintient le bébé en position assise en toute sécurité. Ils ne vous dispensent pas d'être tout à côté.

Astuce

Si vous souhaitez faire l'économie d'une baignoire, vous avez la possibilité de baigner votre crevette dans le lavabo pendant les tout premiers mois avant de passer au transat de bain..

Le lit parapluie

C'est le compagnon idéal pour les départs en vacances ou les soirées chez les copains.
Ce n'est pas un accessoire vital, certes, mais il va falloir le choisir avec soin, car vous allez vous en servir au moins deux ans !
Donc on ne fait pas l'impasse sur la qualité et la sécurité et surtout, autant que possible, on teste le pliage/dépliage en magasin !
Parce qu'à deux heures du mat', votre bébé en pleurs dans les bras de sa mère qui réveille le bébé des copains, on a envie que le système de rangement du lit soit simple !

Le robot

Dans la vie, il y a deux écoles (pas de jugement), ceux qui entassent le tout fait dans un Caddie et ceux qui passent le week-end à préparer les menus de la semaine.

PETIT EXERCICE DE POINTE DE PIEDS AVANT L'ARRIVÉE DU BÉBÉ
SALLE DE SPORT

Si vous faites partie de la deuxième (et courageuse) catégorie, il vous en faut un !
C'est le robot « cuiseur vapeur mixeur décongélateur » qui fera de la préparation des petites purées du bébé un moment de grâce unique et intense (si je vous ai perdu à « grâce », passez à l'accessoire d'après).
Pour le choisir : faites-vous confiance ! On a tous des manières différentes de cuisiner, et si vous ne savez pas cuisiner, achetez des petits pots ! Le bébé vous en voudra pas…

Accessoires biberons : stérilisateur et chauffe-biberon

Attention, sujet polémique !
Concernant la stérilisation des biberons, actuellement les avis des spécialistes divergent. Certains affirment que ça ne sert à rien chez soi, d'autres la préconisent jusqu'à 4 mois (âge à partir duquel le bébé commencera à toucher beaucoup d'objets non stériles).

Il y a deux types de stérilisateurs

Quoi qu'il en soit, il y a deux types de stérilisateurs, à vapeur ou au micro-ondes.
À vous de voir, mais stérilisation ou non, il faut laver très correctement les biberons (stériliser n'est pas laver…) !
Le chauffe-biberon, lui, n'est pas nécessairement utile en soi, un biberon à température ambiante est très bien accepté physiologiquement par les bébés et garder un lait tempéré évite aussi le risque de brûler le nourrisson (bah oui ! pas de brûlure à 19° C…), mais si vous voulez quand même chauffer le biberon : PAS DE MICRO-ONDES ! Vous avez déjà essayé de réchauffer une soupe au micro-ondes ? Là, c'est pareil !

Bah oui ! pas de brûlure à 19° C...

Voilà, en trois parties, le « matos » à avoir chez soi avant la naissance.
Si vous avez réussi, vous avez franchi une belle étape. Pour le reste du matériel, vous verrez ça après la naissance. Allez vous reposer… z'êtes fatigué…

LE 8E MOIS

(Trente-trois à trente-six semaines d'aménorrhée)

LA FUTURE MAMAN :

De plus en plus de contractions (non douloureuses)

Elle a maintenant un beau ventre et se tient très cambrée (mal au dos ? au bassin ?).

Elle est de plus en plus essoufflée (oui, les courses en 40 minutes chrono, c'est fini ! Ou alors sur le Net...).

C'est le début du congé maternité.

« Bon, il arrive oui ? »

LE FUTUR BÉBÉ :

Il prend essentiellement de la graisse (et c'est bien !).

Il bouge et cherche à se mettre en position de sortie, tête en bas.

Il boit beaucoup de liquide amniotique (et c'est bien aussi !).

Tout son corps est fonctionnel : il est presque parfait !

À ce stade il fait, en moyenne, 2,5 kilos pour 45 centimètres.

LE SUPER-PAPA :

La valise, check ?

Le chemin pour la maternité, check ?

Le numéro de la belle-mère en favori, check ?

Pour le prénom, on est O.K. ?

DÉMARCHES À EFFECTUER :

RDV pour la 3e échographie

RDV pour la 6e consulation prénatale

RDV avec l'anesthésiste

Préparer le sac pour la mater'

LA 3^{E} ÉCHOGRAPHIE
Si tu pouvais arrêter de faire coucou derrière le mur et te décider à faire un pas dehors ! Allez…

3e écho : c'est pour bientôt !

Le jour du rendez-vous, vous arrivez mal rasé, les traits tirés, les mains usées (foutu berceau !), vous faites tout ce que vous pouvez pour aider votre chérie à porter cet énooorme ballon qui lui sert de ventre.

La secrétaire compatissante : « *vous êtes radieux, tous les deux !* »

Radieux ? C'est le nouveau mot pour définir pressé-que-ça-se-termine-mais-il-reste-encore-deux-mois-et-je-suis-prêt-je-suis-prêt-je-suis-prêt-j'en-dors-pas-de-la-nuit-tellement-je-suis-prêt !

Des jeunes parents beaux, heureux...

Dans la salle d'attente, vous cherchez désespérément dans les magazines people des jeunes parents beaux, heureux, reposés, seulement le responsable Photoshop du magazine était en congé le jour du bouclage…

Vous êtes content bien sûr ! Mais neuf mois… ça devrait passer à six mois, six mois et demi, tiens ! Comme vous êtes organisé, les dernières semaines, à part attendre…

Bon, remettez-vous les idées en place : c'est la dernière rencontre avec le bébé avant que lui puisse enfin vous voir ! Et dire qu'il va pleurer…

Bébé en siège

Lors de cette échographie, on peut constater que le bébé ne s'est toujours pas mis en position tête en bas et qu'il se présente donc par les fesses (en siège donc).

Il n'est pas nécessaire de s'affoler pour autant, certains bébés attendent les dernières semaines avant de se retourner. Si cela n'est pas le cas, votre médecin peut pratiquer une version (basculer le bébé dans la bonne position), en manipulant le bébé en touchant le ventre de la maman, le tout à l'aide de l'échographie et du monitoring.

Si le jour de l'accouchement, le bébé est toujours en siège, il sera choisi par l'équipe de procéder à un accouchement par voix basse ou à une césarienne.

Seulement 3 % des bébés sont en siège jusqu'à l'accouchement.

Un contrôle de routine ?

Pas vraiment.

Le praticien va prendre le temps de vérifier une dernière fois si « tout va bien ».

Il va contrôler la croissance et pourra déterminer le poids de naissance. Il va également procéder à une analyse morphologique et mesurera la tête (son diamètre), l'abdomen et certains os.

Même si les choses peuvent encore évoluer, il en profitera pour vérifier la position du bébé. Déjà tête en bas ? Ou encore une dernière pirouette ?

Comment est situé le placenta.

Plus important, il regardera comment est situé le placenta. Cela peut être problématique s'il est entre le bébé et le col (devant le col de l'utérus) : c'est le placenta praevia. Si c'est le cas, cela nécessitera une surveillance accrue, car cela peut être dangereux pour le bébé (souffrance fœtale) et pour la maman (hémorragies importantes).

Pour terminer, l'échographie va permettre de confirmer que « bébé bouge bien ». Il a de moins en moins de place, mais ça ne l'empêche pas de jouer des coudes !

Écho 3D ou pas, vous repartez avec quelques photos supplémentaires pour faire patienter famille et meilleures copines hystériques. Vous êtes toujours aussi crevé, mais si l'échographe a posé le tampon « tout va bien », vous pouvez aussi être serein et profiter de vos derniers instants à deux… parce qu'après : ça va être sportif !

Écho 3D ?

J'ai besoin de lunettes spéciales ?
Celui ou celle qui pratique l'échographie, peut, si son matériel le permet, vous proposer une écho 3D.
Même si cela peut être touchant (ou carrément effrayant), cela reste un geste médical ! Vous ne prenez pas des rendez-vous tous les mois pour juste admirer si finalement votre bébé aura les yeux de sa mère ou la fossette de son père ! La surexposition du fœtus aux ultrasons étant néfaste, vous éviterez donc les échographies commerciales. Vous ferez des séances photos après : cela donnera la chance à votre bébé de sourire ou de pleurer… au choix !

ÊTRE UN BON PÈRE, UN SUPER-PAPA… ÇA VEUT DIRE QUOI ? (Même mon grand-père est pas sûr sûr…)

Il est loin… il est loin le temps où tout seul dans votre petit studio, vous faisiez ce que VOUS vouliez QUAND vous le vouliez… Et BIM ! Trois films d'art et d'essai d'affilée (le *triumvirat* Stallone, Schwarzenegger, Norris). Et hop ! Dîner gastro (soupe chinoise, rillettes et *M&M's*). Bref, la belle vie…

Soupe chinoise, rillettes et M&M's

Il a fallu passer au stade des compromis de la vie à deux : qui fait la vaisselle, qui fait le ménage *(« Comment ça, je n'emmène plus mon linge chez ma mère ? Elle adore ça ! »)*. Et le cornélien : qui boit et qui conduit samedi soir prochain ?

Et là, demain, dans quelques jours, quelques semaines, c'est une toute nouvelle équation à mettre en place, une bonne et belle équation à trois inconnues ! Et dès le début de cette petite danse à trois, un constat s'impose : la crevette qui « danse » entre vous et sa maman ne connaît pas les pas, et à vous de faire attention à ne jamais lui marcher sur les pieds (ça va, l'analogie avec la danse ?).

Bref, pas de pression, mais vous avez une énorme responsabilité !

O.K., mais concrètement ?

(Je ne vais pas vous donner la recette de la sauce Big Mac tant qu'on y est… si ?)

Même si toutes les familles et tous les enfants sont différents, voici quelques grandes lignes :

- Ne pas lui en vouloir pour ce qu'il y a dans ses couches.
- Considérer que « *popopo dati mmm ooohhhh plplpl* » est une vraie phrase (lui se comprend quand même !).

EST-CE QUE SUPER-PAPA POURRAIT M'AIDER À ÉTENDRE LE LINGE ?

- À chaque Noël, le laisser jouer au moins deux heures avec les emballages.
- Écouter son père quand il s'agit de son enfant (Papi, il a l'habitude…).
- Ne jamais écouter son père quand il s'agit de son enfant (Papi, il a SES habitudes…).
- Accepter TOUS les cadeaux de la fête des pères ramenés de l'école (même le cendrier/vide-poche alors qu'on a arrêté neuf mois avant sa naissance justement et que chaque jour est une victoire…).
- Se dire que non, une fessée, ça ne soulage pas… Vraiment…
- Se dire que oui, pouvoir enfin regarder autre chose que la chaîne 18, c'est bien, mais que la petite histoire du soir, ça n'a pas de prix (pour la 18… c'est la meilleure amie/ennemie des parents, il faut apprendre à l'aimer, à la respecter…).
- Lui faire comprendre que les légumes, ça n'est pas sale, même si papa ne mange rien de vert…
- L'aider à faire des pâtés et des trous dans le sable et le laisser tout détruire, oui le laisser détruire…
- Lui dire que c'est lui qui choisit ses amis (sauf la petite Tiphaine parce que ses parents sont vraiment trop lourds).
- Le laisser faire ses propres choix (enfin, faire un feu de la Saint-Jean à cinq ans…).
- Qu'il assume les conséquences de ses choix (cf. juste au-dessus).
- Tout lui expliquer (sauf la mort, le sexe et pourquoi ça n'est pas cruel de manger des huîtres alors qu'elles sont vivantes !).
- Que la télé dans sa chambre, c'est *niet* (en même temps, s'il est toujours là à 22 ans…).
- Si maman a dit oui, c'est oui (oui je sais, ça piquera un peu parfois).
- Si maman a dit non, c'est… on verra plus tard…
- « *Range ta chambre* », ça ne veut pas dire « *pousse tout sous le lit* ».
- Ne pas dire la phrase « *tu sais, moi, quand j'avais ton âge…* » plus de 10 fois par an.
- Considérer que « *merci mon chien* » ou « *merci mon cheval* » ne permettent pas d'être poli plus vite (même si ça fait rire dans les dîners de famille).
- Comprendre que oui, le fait que Diana et Lucas l'aient mis en quarantaine à la récré de cet après-midi est un vrai drame !
- Aider à faire ses devoirs sans faire un copier-coller sur Wikipédia (on le laisse faire ça lui-même).
- Ne pas trop l'aider à faire sa punition (franchement : tout copier sur Wikipédia…).

- Laisser les grands-parents le gâter.
- Prévenir les grands-parents que le scooter, la minijupe, le tatouage, les vacances « *all inc'* » à Ibiza, c'est non !
- Lui dire régulièrement qu'il est beau, qu'il est intelligent, qu'on l'aime quoi !
- Ne pas lui interdire de sauter dans les flaques (on l'a fait nous-même) ou l'accompagner… et rester solidaires face à sa maman…
- Si on a un garçon, ne pas attendre dans le salon la sortie « discrète » de sa première copine avec un regard de fierté.
- Si on a une fille, ne pas attendre dans le salon la sortie « discrète » de son premier copain avec un fusil.
- Ne pas transposer sur l'enfant ses propres ambitions de carrière (et puis de toute façon, auteur de guide pour les papas, ce n'est pas un vrai métier…).

Après…

Après, c'est chacun son truc, si tous les enfants étaient élevés exactement de la même manière, la vie serait tellement moins drôle…

On pourra faire le maximum

Et puis entre nous, on pourra faire le maximum, être totalement intransigeant avec nous-mêmes, sur les choix, les décisions à prendre, les couchers avant neuf heures, ne leur acheter aucune marque, et ne leur offrir QUE des jouets en bois (le rêve…), ils auront quoi qu'il arrive quelque chose à nous reprocher à l'adolescence…

Alors foutu pour foutu :

« Tiens ma chérie, prends le pistolet à eau et va faire une bataille d'eau avec Mamie ! Elle fait la sieste ? Encore mieux ! »

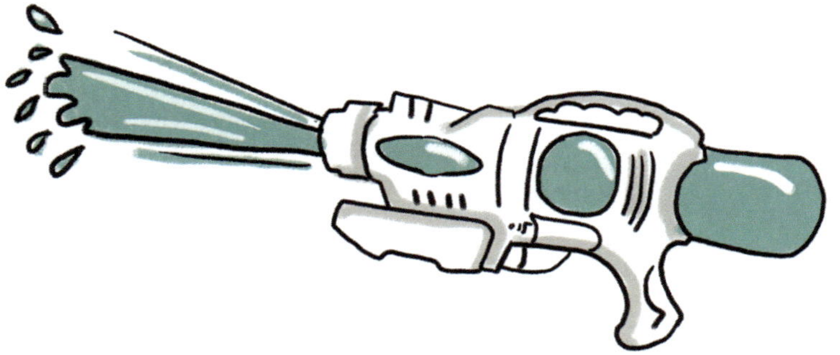

« PARLER AU VENTRE » OU COMMENT RENTRER EN CONTACT AVEC LE BÉBÉ (« Ici Papa Tango Charlie... »)

Il n'y a pas de babyphone flottant dans le liquide amniotique.
Non. Ça n'est pas étanche.
Et pourtant, nous aussi on voudrait commencer à communiquer avec la future descendance, avoir l'espoir que le jour de l'accouchement SON bébé, tout juste né, nous regarde le pouce levé, nous fasse un clin d'œil en disant « *Check Papa ! Je t'ai reconnu tout de suite !* ».
On va arranger ça !

Quand ?

À partir de la fin du quatrième mois, le fœtus réagit de plus en plus et progressivement aux stimuli extérieurs (voix, sons, toucher) : d'abord les stimuli de la maman puis, enfin, autour de cinq mois et demi, ceux du « reste du monde », le papa quoi !

« Et qu'est-ce que je dis ? »

Oui, vous pouvez lui parler, mais avant que son ouïe ne soit totalement développée (dans le cinquième mois de grossesse), tentez la communication par le toucher. Si vous souhaitez communiquer avec votre bébé oralement, parlez-lui près du ventre, non pas en murmurant, mais avec une voix claire et posée (mais ne hurlez pas, hein !).

La communication par le toucher

Si le cœur vous en dit, vous pouvez aussi chanter ou lui faire écouter votre musique préférée (pas trop de métal non plus, on reste cool…).

IL VIENT DE ME DIRE QU'IL A ENVIE DE CROISSANTS POUR LE P'TIT DÉJEUNER

« Il s'en fiche ! Qu'est-ce que je fais ? »

Pas question de « toquer » sur le ventre en criant : « *Oh ! Y'a quelqu'un là-dedans ?* »

Mais… vous pouvez toujours, pour le stimuler (un peu…), faire boire à la maman une boisson froide et sucrée, les fœtus aiment le sucré et la « froideur » de la boisson va le stimuler (en revanche pas trop glacée et pas trop souvent, vous aimez les douches froides, vous ?).

« Wow ! Génial ! Je vais le faire tout le temps ! »

On se calme un peu… Il faut quand même le laisser dormir, ce petit ! C'est du boulot de se préparer à naître !

Et concernant la lecture du *Seigneur des anneaux* et l'intégrale du *Bescherelle*, attendez sa naissance pour le préparer à la maternelle trilingue !

Les séances d'haptonomie

Pour vous permettre de commencer une relation à trois et aussi de préparer l'accouchement, ces séances individuelles, effectuées le plus souvent par une sage-femme, vous permettront d'apprendre à communiquer « efficacement » avec le bébé in utero.

Avec de l'entraînement et des gestes simples, vous pourrez échanger avec le bébé, une caresse sur le ventre par exemple l'invitera à se déplacer vers votre main comme pour dire bonjour.

Cela vous permettra aussi d'apprendre les gestes qui soulagent la maman, notamment lors du travail et de l'accouchement. Vous pouvez en particulier aider le bassin à s'élargir ou bien, en prenant votre femme contre vous et en la berçant, la soulager au niveau des contractions.

LE CONGÉ PATERNITÉ « Je peux le prendre au soleil ? Pas de masque de grossesse pour les hommes ? O.K., je sors... »

C'est le moment de prouver par les actes que vous êtes vraiment un super-papa : prenez votre congé paternité !

À quoi cela correspond ?

Le congé paternité est un congé de 11 jours calendaires et consécutifs à prendre dans les 4 mois qui suivent la naissance de l'enfant.
Vous pouvez les accoler aux 3 jours généralement accordés par les entreprises directement après l'accouchement.

P'TIT RÉCAP'

- 11 + 3 jours, s'ils sont pris juste après la naissance.
- 11 jours, s'ils sont pris dans les 4 mois.

Ils ne sont pas fractionnables et vous pouvez raccourcir la durée du congé.

Cas particulier

Si la grossesse est gémellaire (pas un bébé gémeau, mais des jumeaux, triplés, etc.), le congé paternité passe à 18 jours + les 3 jours offerts pour la naissance.

CPAM

N'oubliez pas, si vous décidez de prendre votre congé paternité, de faire toutes vos démarches auprès de votre Caisse Primaire d'Assurance Maladie (CPAM). Sur leur site (ameli.fr) vous trouverez la liste des documents à fournir selon votre situation précise.

Indemnité

La CPAM prend en charge ce congé. L'indemnité est indexée sur le salaire selon certaines conditions, notamment un plafond salarial de 3170 € brut par mois (pour l'année 2015).

Délai

Il faut prévenir son entreprise au minimum 1 mois avant la date prévue de votre congé. Votre employeur ne peut pas refuser, en revanche vous ne pouvez pas non plus décaler le congé sans son accord.

Voilà pour les infos pratiques. Vous pouvez trouver plus de détails sur des sites officiels où vous aurez des informations précises et surtout actualisées.

Le congé paternité est une pause qui permet de se retrouver à trois avec la crevette, afin de prendre ses marques, d'être plus serein, et de profiter du bébé aussi ! Ça n'est bien sûr pas obligatoire, mais vraiment une belle expérience, un magnifique moment…

Congé parental d'éducation

Si vous le souhaitez et si vous pouvez justifier de 8 trimestres de cotisation (sur les deux dernières années pour un premier enfant, sur les quatre dernières années pour un deuxième), vous pouvez prendre un congé parental d'éducation, d'une durée maximum d'un an si vous et votre femme prenez 6 mois chacun, sinon c'est 6 mois uniquement. À titre indicatif, montant de la PreparE (Prestation Partagée de l'Éducation de l'enfant) : 390,52 € par mois.

LE 9E MOIS

(Trente-sept à quarante et une semaines d'aménorrhée) Ou moins !

LA FUTURE MAMAN :

L'utérus descend, elle respire mieux.

De plus en plus de contractions de fatigue

Des envies très pressantes de faire pipi (et non, ça n'est pas ça, perdre les eaux...)

On y est presque !

LE FUTUR BÉBÉ :

À l'étroit, il ne bouge presque plus.

Sa peau est douce et rose.

Il fait maintenant autour de 3 kilos et 50 centimètres.

Les poumons sont prêts.

On y est presque !
(Enfin, quand je veux... je suis bien dans le ventre de ma môman !)

LE SUPER-PAPA :

On est prêt.

On est prêt ?

On est prêt !

Sûr ?

Prêt...

QUAND FAIRE CHAUFFER LA VOITURE OU APPELER LE TAXI ?

SI...

Si les contractions sont régulières, douloureuses, de plus en plus rapprochées, et qu'il y en a une toutes les 5 minutes !

Si la future maman perd les eaux (cela peut être en petite quantité jusqu'au litre) !

LE SAC POUR LA SALLE D'ACCOUCHEMENT (Ma guitare, je la prends ?)

Oui, lorsqu'on va dans une maternité pour accoucher, tout n'est pas fourni. Il n'y a pas de magasin en rez-de-chaussée où tout est disponible (des couches dans toutes les tailles, des tétines, des bonnets, des turbulettes…).

Non.

À la maternité, il faut prévoir un sac pour la salle d'accouchement et une valise pour la chambre où votre femme et le bébé vont rester quelques jours.

J'ai un scoop pour vous

Mais j'ai un scoop pour vous : pendant que vous lisez ce livre (consciencieusement j'espère…), votre femme est en train d'en lire un autre (lequel ? je n'en sais rien !) ou de parcourir Internet (pas les forums, pas les forums !) ou de recueillir la sagesse de son entourage féminin.

Bref, la prépa des bagages pour la mater', elle bosse dessus aussi !

Donc.

Laissez à votre douce ce qui les concerne, elle et le bébé, pendant le séjour à la maternité et penchons-nous sur le sac de survie à usage unique pour la salle de monitoring, celle de travail et celle d'accouchement (oui, vous allez visiter tout le service !).

Ce sac de survie, une fois préparé, est à laisser dans la voiture (ou au moins sur le palier de chez vous), pour que vous n'ayez pas à le chercher lors DU départ !

Que mettre dedans ?

Pour la maman :

- Un vêtement large (grande chemise ou T-shirt XXL), rien de glamour, plutôt très confortable et salissant…
- Un gilet si elle est frileuse (même conseil que ci-dessus).

- Une paire de chaussettes (les deux, oui, c'est mieux !).
- Un oreiller (enfin SON oreiller, celui qu'elle traîne depuis plusieurs semaines entre la chambre et le salon).
- Un brumisateur (elle va avoir chaud au visage, ça rafraîchit et puis ça peut aussi être utile pour… je vous le dirai plus tard !).
- Un lecteur MP3 (sur lequel vous avez fait l'effort de lui mettre LA playlist).

Pour le bébé

- Deux bodies avec ouverture croisée par le devant (un taille naissance et un taille un mois).
- Deux pyjamas chauds (on sécurise sur les tailles, naissance et un mois). Cela dépendra de la taille et du poids de votre bébé.
- Un bonnet (pour qu'il n'ait pas froid à la tête).
- Des chaussons (pour qu'il n'ait pas froid aux pieds).
- Des petites moufles (pour qu'il n'ait... et non ! pour éviter qu'il ne se griffe !)
- La turbulette,
- Une couche, mais pas de panique, elles sont en général fournies par la maternité.

Pour le papa (mais oui !)

- Des pièces (plein ! pour le parcmètre, la machine à café, les snacks, etc., etc.)
- Un Post-it avec petit mot à l'adresse des contractuelles.
- Le chargeur du téléphone.
- De quoi manger (chocolat ?), de quoi boire (pas de bière quand même…).
- Pourquoi pas des vêtements confortables (huit heures en salle de travail en costard cravate…) + pull avec capuche (la clim des hôpitaux est redoutable).
- Un appareil photo (si celui du téléphone ne vous suffit pas).
- Le *guide du super futur papa* !

Voilà de quoi remplir un bon gros « petit » sac pour le jour J.
Laissez la grosse valise dans la voiture si votre femme n'a pas encore sa chambre, mais ayez toujours avec vous le sac de survie.
N'hésitez pas à le compléter avec les recommandations « maison » de la maternité où tout va se passer…

ALLEZ ! AU BOULOT !

ON Y VA ? ON N'Y VA PAS ? Attention, passage technique !

Comment faire pour être certain de partir de chez soi au bon moment pour ne pas arriver trop tard, et accoucher au mieux sur le parking de la mater', ou arriver trop tôt, et se voir refouler des urgences façon boîte de nuit (pas de baskets, on a dit…) parce que « *ça n'est pas encore le moment, revenez dans deux heures* ».

Le travail, combien de temps ça dure ?

La première phase dite « de latence », celle où il est préférable d'attendre avant d'aller à la maternité, dure en moyenne 12 heures (oui, la moitié d'une journée…).

Attention, c'est une moyenne, cela peut être plus long ou plus court (surtout si la maman a déjà eu des enfants).

Pendant cette phase, les contractions de travail seront de plus en plus intenses et rapprochées.

Quand faut-il vraiment y aller ?

Pour un premier enfant, quand les contractions sont espacées de 5 minutes, on décolle doucement, tranquillement : il est temps de se rendre à la maternité ! On part à deux, on reviendra à trois !

Le « bon moment »

Si votre chérie a déjà eu un ou plusieurs enfants, il viendra plus rapidement, donc partez quand les contractions sont espacées de 10 minutes.

En attendant le « bon moment », proposez-lui de prendre un bain pour se relaxer à 37° C. Si les contractions passent, c'est que c'était une fausse alerte, sinon, elle sera plus sereine pour la maternité !

Autre chose ?

Si votre femme perd les eaux (et ça n'est pas forcément en grande quantité), alors arrêtez de compter les espaces entre chaque contraction, et c'est parti ! De la même manière, si elle perd les eaux, pas de bain ! Tant pis pour le moment relaxation : direction mater' !

Dernier point : si vous n'êtes pas là, votre chérie ne prend évidemment pas le volant, voisine, copine, ambulance ou taxi feront très bien l'affaire.

Rendez-vous à la maternité pour le dernier round !

LE COACHING DE LA FUTURE MAMAN (ultime phase) S'il y a bien une séance à ne pas louper… Soyez bon !

Elle est fatiguée, elle n'en peut plus, elle veut enfin être libérée (« *délivréeeeee…* »).
Le jour J arrivera sans doute sans prévenir et même si cela fait neuf mois qu'elle se prépare à ce moment, elle doit pouvoir compter sur vous à 200 % !

Le fondamental ?

Elle panique ? Ne veut pas y aller ? Veut que la sage-femme débarque dans le salon parce-qu'elle-a-vraiment-trop-mal-et-que-c'est-sûr-elle-va-accoucher-là-dans-la-voiture ? Un seul mot d'ordre : être RA-SSU-RANT ! Au-delà des mots (qui font du bien…), c'est la préparation de ce moment qui fera qu'elle pourra se concentrer sur ce qui est en train de se passer : il arrive !

PETIT RÉCAP'

- Le sac pour la salle d'accouchement ? ☑
- La valise pour la maternité ? ☑
- Les papiers administratifs à emporter ? ☑
- Les clés de la voiture ? Dans l'entrée ! ☑
- La nourriture du chat ? ☑
- Il est chez la voisine ! Elle l'adore…
- Le porte-bonheur/peluche/objet fétiche ? ☑
« Oh ! Tu y as pensé… »

Cool-cool-cool !

Bien entendu, vous aussi êtes crevé ce jour-là ! Oui, vous êtes stressé et avez envie que tout se passe bien (« je n'aurais pas dû regarder *Grey's Anatomy* hier soir… »). Évidemment que vous êtes déjà mort de fatigue et que vous vous demandez si vous allez pouvoir la soutenir sans dormir au cas où l'accouchement durerait toute la nuit ! Mais c'est son jour ! Son moment ! Vous êtes le copilote, le navigateur, l'entraîneur sur le banc de touche.

Vous êtes déjà mort de fatigue

Vous lui direz après que vous étiez pétrifié, après que vous aviez tout oublié, après que vous vous demandiez dans la voiture si vous sauriez vous y prendre avec elle et le bébé.

Que vous ne saviez toujours pas si vous étiez enfin prêt à être papa… APRÈS !

Pour le moment c'est cool cool cool, même si c'est parfois incongru de siffloter en conduisant quand elle hurle sur le siège passager…

Chaque situation/couple/femme/homme est different…

COURAGE !

Être papa et maman de son premier enfant, ça n'arrive qu'une fois.

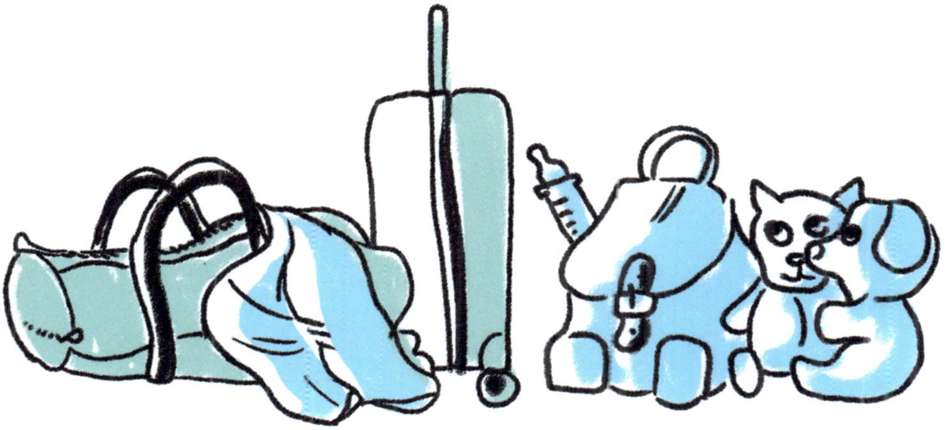

LE JOUR J

EN ROUTE VERS LA MATERNITÉ (TA musique ? SA musique ? VOTRE musique !)

À moins de ne pas être là du tout, le jour où… et qu'elle commande un taxi, c'est vous qui aurez la lourde responsabilité d'emmener votre famille (eh oui !) à la maternité (une chose certaine : ce n'est pas elle qui va conduire…).
Tout doit être étudié pour ne pas rajouter de stress ou d'inquiétude à la situation.
Alors fermez doucement les portières, ne faites pas hurler le moteur, et évitez d'être sur la réserve à ce moment précis (« *Il y a une pompe à côté de la mater', non ? Il est cher le 95 ?* »).

Partir en reconnaissance sur le terrain ?

Le mieux est de savoir comment aller à la maternité avant le jour J. Repérez le trajet, l'entrée des urgences, le lieu. Ça évite d'avoir à demander à sa chérie de vous guider ou pire, de baisser la vitre à tous les feux rouges pour héler les passants à l'aide (surtout à trois heures du mat'…).

Repérez le trajet

Et comme, bien sûr, les choses n'arrivent jamais comme prévu, laissez le sac de survie dans la voiture les dernières semaines… Comme ça, si vous êtes en week-end (à 8 mois et demi ? Respect…), vous n'êtes pas obligé de repasser par la case maison pour le récupérer (vous y avez vraiment pensé ?).

S'accessoiriser ?

Deux indispensables :
L'appli GPS pré-installée dans le téléphone (Waze, Plans, Tom-Tom), car même si vous connaissez le chemin par cœur, vous serez ravi d'avoir un itinéraire bis, si le bébé a décidé de pointer le bout de son nez pile le vendredi soir aux heures de pointes !
Pensez à mettre l'adresse dans les favoris !

ÇA FAIT 15 JOURS
QUE JE CHRONOMÈTRE LE TRAJET
ALORS CE N'EST PAS
PARCE QU'IL NEIGE
QUE L'ON VA PRENDRE DU RETARD !
758 VRX 9

La playlist : sur clé USB, CD, iTunes, cassette, peu importe, mais préparez à votre moitié une petite succession de morceaux pour la détendre sur la route (on peut tenter aussi l'humour avec « *Les Sardines* », « *Papaoutai* » « *I will survive* »...).

Travailler le frein à main et le « talon-pointe » ?

Bien sûr que non ! (Vous le saviez déjà, hein ?)
Conduite cool, rien ne presse, en tout cas rien qui justifie de se mettre en danger sur la route. Combien de temps pour rejoindre la maternité (vous ne l'avez pas choisie à 100 km quand même) ? C'est compliqué à dire, mais normalement votre femme ne devrait pas accoucher dans l'heure...
Une fois là-bas, pas besoin de chercher une place, dirigez-vous directement à l'entrée des urgences : oui, elle sert à vous accueillir !
Dans tous les cas, que ce soit en ambulance, en taxi, en hélico ou en vélo, votre femme et le bébé vont arriver à destination. Vous les avez conduits ? Bravo. Vous arrivez juste derrière ? Parfait ! Vous êtes maintenant tous les trois fin prêts pour votre premier rendez-vous !

« Je ne suis pas médecin » URGENCE ! Il arrive trop vite...

Attention quand même, s'il se passe quelque chose qui ne vous paraît « pas normal » :

- *Une envie irrésistible de « pousser ».*
- *La tête du bébé sort.*
- *Les contractions sont espacées de moins d'une minute.*

Ne prenez pas le risque d'un accouchement sur le trajet et appelez le Samu (le 15).
De la même manière, si vous êtes bloqué par la neige, au milieu d'une panne généralisée d'électricité, ou si, oh surprise, un cyclone de catégorie 3 est à la porte de la maison : pas d'héroïsme au volant ! Composez le 15 !

Après neuf mois d'attente, il va enfin montrer le bout de son nez, et il le fera : LE JOUR DE L'ACCOUCHEMENT.

Attendre un bébé, c'est chouette, fatigant, excitant, bouleversant, stressant, important.
C'est une multitude d'anecdotes et de moments à vivre seul, à deux, en famille, avec des amis.

Le jour de l'accouchement, c'est un concentré de tout ce que vous avez vécu en neuf mois. En l'espace de quelques heures, votre vie va vraiment basculer et même si vous le saviez, c'est à ce moment précis que vous allez le comprendre vraiment.

C'est une expérience universelle, personnelle, mais aussi médicale…

Tous les accouchements sont différents et celui de votre bébé sera unique. Les prochains chapitres ne peuvent pas englober tout ce qui pourrait arriver dans la salle de naissance, dans votre tête ou dans celle de la maman, je ne peux qu'essayer de vous raconter dans les grandes lignes l'accouchement « normal », ou en tout cas ce qui est le plus courant.

Profitez-en bien et prenez tout !
Le bon, le moins bon, les moments d'attente, de stress, la douceur d'une sage-femme, l'humour d'un anesthésiste, la gentillesse d'un brancardier. Ils seront peut-être fatigués, stressés, tendus, mais leur métier, c'est donner la vie, donc au moment clé, ils seront là pour vous et pour le bébé.
Et pour vous trois, tout cela n'arrivera qu'une seule fois…

Et si on en parlait avant ?

Si vous en ressentez le besoin, si vous voulez faire le « tour de la question » en amont, vous pouvez réfléchir à un projet de naissance et le poser par écrit.

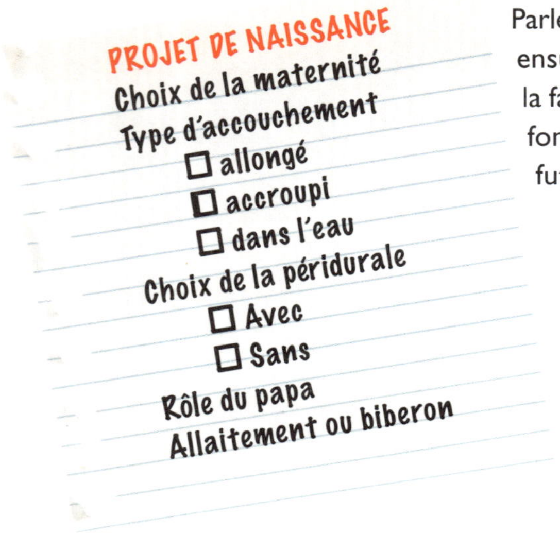

Parlez-en tous les deux et vérifiez ensuite avec votre sage-femme la faisabilité de vos souhaits en fonction de la grossesse de la future maman.

LES PREMIERS PAS AUX URGENCES
J'arrive en hurlant ou en hurlant ?

Plus que quelques mètres, encore quelques pas, et ce sera la dernière ligne droite du marathon.
Au taquet ! Vous l'avez voulu ce bébé, vous avez aidé et soutenu jusqu'au bout votre chérie, vous n'allez pas craquer à 3 mètres du buffet des desserts, quand même !

Même si le « stressomètre » est au maximum (ah ? Tiens, pourquoi ?), conservez votre calme et aidez la bientôt-maman-dans-quelques-heures à rejoindre l'accueil et…
Laissez-la parler ! (À moins qu'elle ne puisse et/ou ne veuille pas.)

Soyez concentré !

Soyez concentré ! Gardez en tête les infos essentielles à donner si le personnel vous les demande (dans le cas « on surprise ! » où votre femme est bien avancée et est directement prise en charge avec brancard et claquage de porte) :
Combien de semaines d'aménorrhée ?
A-t-elle perdu les eaux ?
Combien de temps durent les contractions ?
À quel intervalle ?

Ensuite, après l'admission, faites confiance au personnel médical. Si on vous demande de patienter : ne restez pas debout devant la porte et allez vous asseoir ! Et puis, pas de parano non plus, on ne vous a pas oublié, abandonné sur une banquette !
Rassurez-vous, si vous êtes parti de chez vous dans les temps (allez, avouez, vous êtes même partis en avance…), vous n'êtes vraiment pas à 5 minutes.

Et de toute façon, ils ne vont pas vous envoyer direct en salle d'accouchement ! À moins que…

MA FEMME EST EN PLEINE PHASE DE DILATATION !
ALORS, RETROUSSEZ VOS MANCHES ET FAITES LE NÉCESSAIRE ! !
URGENCES
ADMISSIONS

Encore une petite consultation ?

Bien sûr ! Il est important pour le personnel médical d'avoir les dernières infos concernant la maman et le bébé.
La sage-femme de garde va donc prendre température, tension, procéder aux analyses d'urine (sucre, albumine…).
Et pour terminer elle va palper l'utérus, vérifier la dilatation du col (un col dilaté est un col ouvert et c'est par là que va passer votre progéniture) et la position du bébé (le mieux, vous vous rappelez, c'est tête en bas !).

Ensuite, c'est parti pour 30 minutes minimum de monitoring.
Minimum, parce que si les capteurs sont mal posés ou ont bougé… c'est reparti !

C'est le moment critique où nous, les super-papas en devenir, devons nous montrer discrets : être dans les pas de sa chérie, qui peut souffrir, être angoissée ou tout simplement à fond ! Dans tous les cas, ELLE va accoucher, ELLE est fatiguée, ELLE va se retrouver avec une blouse informe à pousser, les pieds sur les étriers avec pour tout horizon deux ou trois visages cachés derrière un masque vert (ou bleu…).
O.K. ? N'oubliez pas quand même que VOUS allez avoir un bébé.
Et c'est ça qui compte…

Le monitoring ? Un super-prof de ski ?

Non, avant d'envoyer une femme enceinte « à la mine », la sage-femme ou le médecin de garde place deux capteurs sur le ventre pour enregistrer le rythme cardiaque du bébé et mesurer les contractions de l'utérus.
C'est évidemment sans danger.
Cela permet de connaître l'espacement entre chaque contraction et d'être certain que le bébé est en bonne santé (la souffrance fœtale peut engendrer un accouchement en urgence).

L'ACCOUCHEMENT
Le jour J
9 mois de préparation
La formation de super-papa
est terminée…

La future maman ne le sait peut-être pas encore, mais si elle fait tout le boulot (pas de discussion là-dessus), elle a, à ses côtés, le top du top, la crème de la crème des accompagnants : VOUS ! Le bientôt papa, le super-héros, celui pour qui les détails anatomiques et médicaux n'ont plus de secrets, celui qui ne sera pas du tout effrayé par la vue du sang ou par une aiguille de 10 cm (oui, 10 cm…), celui qui prend tout avec décontraction, tact et diplomatie.

Bref : Petit Scarabée, *show me your kung-fu !*

Contractions de travail = douleur

Pour gérer la douleur, le meilleur calmant, c'est vous !

Amoureuse, revendicative, vulgaire…

Dites-lui qu'elle est formidable, que oui, elle va y arriver même si elle n'en peut plus, que choper la sage-femme par la queue-de-cheval ça ne va pas la soulager « *non, non, je t'assure !* », en revanche, laissez-la s'exprimer VRAIMENT, amoureuse, revendicative, vulgaire, régleuse de compte, en mode gestion des personnes à appeler : laissez faire… si ça peut la soulager… Vous pouvez bien sûr l'aider à souffler (cliché ? peut-être parce que ça aide vraiment…), la masser, mais évitez de lui dire que vous êtes crevé (même si vous êtes debout depuis 15 heures) et surtout : ne mangez jamais devant elle ! JA-MAIS : elle n'en a pas le droit, mais ça ne l'empêchera pas d'avoir très faim et de vous en reparler à chaque anniversaire, Noël, apéro chez les copains, barbecue du samedi… À chaque fois que vous serez sur le point de vous régaler ! En revanche, petite astuce, si le travail est long et qu'elle a soif (elle n'a ni

Un accouchement, c'est long ?

Ça dépend de ce que l'on appelle accoucher ! L'expulsion en elle-même ne dure normalement que quelques minutes, mais la phase de préparation, elle, peut durer plusieurs heures :

PAS À PAS :

1er stade

Phase de latence :

La maman n'est pas encore à l'hôpital, le col de l'utérus s'efface et commence à s'ouvrir, cela provoque des contractions régulières de plus en plus longues, de plus en plus rapprochées et de plus en plus douloureuses. À la fin de cette phase le col est plus ou moins ouvert de 3 cm, vous êtes en route pour la maternité.

Phase active :

À la maternité, on peut, selon l'avancée du travail, placer la maman en salle de prétravail, d'accouchement (si les choses semblent aller vite) ou dans sa chambre. Les contractions continuent à ouvrir le col, on compte en moyenne une ouverture d'un centimètre par heure. La maman commence à être très fatiguée, elle peut, pour se soulager et selon l'équipement mis à sa disposition, prendre un bain dans une baignoire de relaxation, utiliser un ballon de mobilisation pour se détendre et aider à la descente du bébé, ou profiter de l'installation de lianes, sorte de bandes de tissus fixées au plafond, pour notamment soulager le bassin.

La rupture de la poche des eaux devrait arriver lors de cette étape.

C'est aussi pendant cette phase que le personnel médical proposera la pose de la péridurale.

Phase de transition :

La plus courte ! Le col va se dilater de 8 à 10 cm et est donc presque mûr pour laisser passer le bébé. La maman va bientôt pousser.

2e stade

De quelques minutes à une heure (rarement plus), c'est le moment où votre femme va faire tout le boulot ! Guidée par la sage-femme (surtout si elle est sous péridurale), elle va donc pousser aux moments opportuns.

Le bébé naît ! Il crie assez rapidement, c'est à ce moment qu'il faudra couper le cordon, le personnel médical pouvant vous proposer de le faire : la décision vous appartient.

Dernier stade

C'est la délivrance, le bébé est né, mais l'accouchement n'est pas terminé : le placenta doit être expulsé grâce à de faibles contractions ou des palpations effectuées par la sage-femme.

Pendant ce temps la maman (ou le papa) pourra faire du peau à peau avec son bébé.

le droit de boire, ni de manger en cas d'urgence chirurgicale), n'hésitez pas à sortir votre arme secrète, le petit brumisateur… qui brumise… et bien brumisez-lui la langue ! C'est pas vraiment boire ça… non ?

Péridurale : ouh la grosse piqûre !

Si votre femme a choisi d'accoucher sous péridurale (elle peut changer d'avis jusqu'au dernier moment), c'est le grand soulagement, le Graal ! Juste après, elle risque de trouver l'anesthésiste très très beau et vouloir lui présenter sa mère : c'est normal, il vient d'annihiler toute la douleur au niveau de son utérus.

Rassurez-vous, il ne fait que passer…

Petite info supplémentaire : si vous n'aimez pas les piqûres, allez faire un tour : c'est cette aiguille qui fait 10 centimètres (oui, 10 cm…) !

La péridurale

La péridurale est une anesthésie locale qui permet essentiellement de diminuer fortement les douleurs dues aux contractions. Le temps où une péridurale « endormait » toute la région basse du corps est heureusement révolu, les produits sont aujourd'hui mieux dosés, ce qui permet donc la plupart du temps à la maman de conserver toutes les sensations de son accouchement.

Pour diffuser le produit actif, l'anesthésiste va placer un cathéter (un petit tuyau souple) à l'aide d'un guide (la fameuse aiguille de 10 cm) entre deux vertèbres, les 3e et 4e lombaires.

Seul le cathéter reste, le produit fait effet après 15 minutes.

Dernier point : si le col est ouvert de 7 cm ou plus : c'est trop tard !

Accouchement par voie basse (Et non pas à voix basse d'ailleurs !)

Il faut garder son sourire, tout le temps, quoi qu'il arrive, un peu comme l'hôtesse de l'air qui continue le service au milieu d'un orage : TOUT VA BIEN !

Il faudra accepter aussi de perdre ses phalanges, consciencieusement, une à une…

Calez-vous sur son rythme et soyez la béquille émotionnelle (pour l'aspect médical, ils seront là en nombre).

Attention avertissement : selon les personnalités et la manière de gérer la douleur, certaines femmes, au moment d'accoucher se « transforment » : plus de limite, plus de retenue, elles vont donner tout ce qu'elles ont au fond d'elles pour faire naître ce bébé et ça peut être très impressionnant… Pas de panique, maintenant vous êtes prévenu, et surtout pas de jugement…

Plus de limite, plus de retenue

Et jamais au grand jamais, vous ne passez devant les étriers ! Pour la sauvegarde de votre intimité pour les prochaines années à venir… non : c'est « *off limit* » !

Concernant le « *off limit* » d'ailleurs… demandez-vous si vous et/ou votre femme avez VRAIMENT besoin d'informer minute par minute le monde entier sur l'avancement de ce moment intime (il paraît quand même…). Réseaux sociaux en mode avion ? C'est bien ça non ?

Puisqu'on est sur l'accessoire : photos et vidéos, c'est bien ! Mais profitez du moment, il est intense et on ne pourra pas refaire la prise, quand c'est passé c'est passé !

Accouchement par césarienne

Programmée ou non, c'est l'accouchement en mode médical médical ! Accompagner votre chérie ? C'est selon ! L'urgence, le moment, votre état, l'état de la future maman, le chirurgien… mais ça ne vous empêche pas de demander, gentiment calmement, vous verrez bien…

Césarienne

10 à 15 % des accouchements en France se font par césarienne.

Il peut y avoir des césariennes programmées (pour des raisons pathologiques ou autres) ou des césariennes d'urgence à l'issue de ce qui devait être un accouchement par voie basse. Les césariennes d'urgence sont des procédures rapides et souvent tendues, l'urgence étant due à une souffrance fœtale (infection, problème d'oxygénation, travail trop long et plus supporté par le bébé…) ou à la dégradation de l'état de santé de la maman devenu trop critique (hémorragie maternelle).

Le chirurgien effectue alors une incision sur le bas-ventre (souvent horizontale) et l'équipe médicale extraira le bébé par ce passage.

Le bébé nouveau-né est rapidement pris en charge après cette procédure, il a souvent mal expulsé le liquide amniotique qu'il avait dans les poumons et a besoin de l'aide médicale.

Cela peut être très impressionnant.

Le cri qui tue !

(Oui, ça coupe un peu la chique.)
Il y a encore 10 minutes, vous étiez dans l'imagination et là…
Quelques secondes de silence un peu tendues… et son CRI.
Son cri qui va vous faire fondre, briser en mille morceaux vos certitudes, vous remplir le cœur encore et encore.
Les tout premiers instants du PREMIER JOUR DU RESTE DE TA VIE…

Premières secondes, premières minutes…

Ça y est, IL EST LÀ, enfin ! À peine né, il est posé sur sa maman, instant de douceur, un joli bienvenu pour ce mini vous !
Vous ne saviez pas si vous aviez un garçon ou une fille ? Vous aviez une préférence ? Elle vole en éclat ! Parce que maintenant il n'y a plus rien à imaginer, IL ou ELLE est bien là, en vrai ! (Et oui, à ce moment précis, garçon ou fille, vous trouvez ça sans importance.)
Pour la première fois, on vous demandera : « *Comment s'appelle-t-il ce beau bébé ?* »
Regards complices, il n'y a plus de doute sur le prénom…
La sage-femme lui mettra son minuscule bracelet au poignet avec son nom dessus, pas de doute, c'est bien lui !

Le cordon

C'est à ce moment que l'on vous proposera de le « couper ou non ».
Petit rappel, pendant toute la grossesse le bébé est relié à sa maman par le cordon ombilical qui part du placenta et arrive au nombril, il reçoit oxygène et nutriment, mais maintenant, plus besoin, il faut donc le couper !

On propose au papa de le faire

Symboliquement on propose au papa de le faire, moment unique qui marque l'entrée dans le monde du bébé. Vous pouvez refuser (mais rassurez-vous, c'est totalement indolore, pour le bébé comme pour la maman).

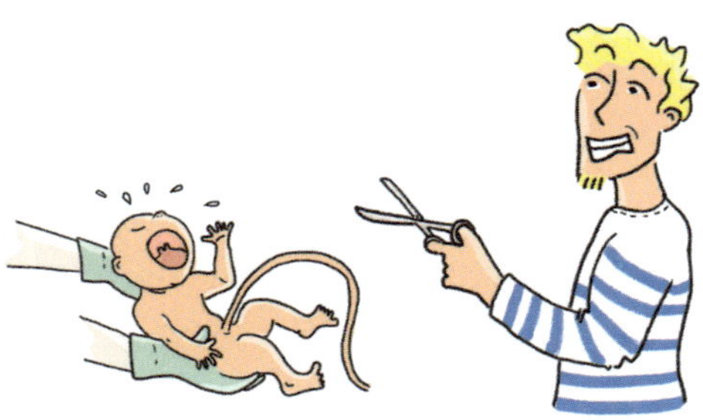

Premiers soins

Encore un peu de peau à peau…

Ensuite, vous pouvez être invité à suivre la sage-femme pour assister et/ou donner les premiers soins à votre bébé ! La maman pendant ce temps finira l'accouchement (la délivrance).

Non, vous ne serez pas au top du top, même si vous vous êtes entraîné avec les neveux et nièces, mais ça n'est pas grave, prenez votre temps, écoutez les conseils du pédiatre, de la sage-femme, tous les super-papas sont passés par là : l'ignorance et les premiers gestes avec son enfant !

Tellement plus simples !

Prise de poids, de taille, du bain (certaines maternités vous proposeront de lui donner un bain tout de suite, d'autres dans les 24 heures), soin du cordon, habillage…

Au moment de l'habiller, vous vous remercierez d'avoir pris des bodys croisés… tellement plus simples !

Et voilà votre crevette couverte chaudement et vous êtes tous les deux prêts à rejoindre sa maman pour de jolis moments à trois.

EXPÉRIENCE DE SUPER-PAPA

J'ai profité de ce moment pour passer la tête dans le bureau des sages-femmes et leur annoncer que ma femme avait accouché, elles ont donc bloqué une chambre à l'étage.

Et si en fait j'avais pas trop envie d'être là…

Pas de jugement !

Vous pouvez avoir plein de raisons : peur panique des hôpitaux, vous êtes hyperémotif, vous et votre chérie vous bouffez le nez au moindre stress…

Vous attendrez la nouvelle

Une seule chose à faire, parlez-en avant ! Pas d'escapade en douce comme une mariée qui file à l'anglaise au pied de l'autel. Que votre compagne puisse choisir qui l'accompagnera et l'endroit où vous attendrez la nouvelle : dans la salle d'attente ? au café en face ? à la maison ? au soleil sur la plage ? (Faut peut-être pas exagérer quand même…)

Laissez-la entre de bonnes mains et en revanche, préparez-vous à faire les nuits, les couches, les bib', les balades sous la pluie, etc., etc.

LA 1RE MISSION DU SUPER-PAPA Ça commence déjà ? Pas de repos ?

Non, vous dormirez plus tard ! Ça y est, vous êtes papa et ça commence maintenant !

L'accouchement est passé, votre femme est restée « en bas » deux heures au moins (ce n'est pas un problème de chambre, non, c'est de la surveillance maman / bébé postaccouchement), vous avez peut-être même donné le premier bain – certaines maternités font donner un bain au bébé dès la salle d'accouchement, d'autres dans les 24 heures qui suivent – et tout ce petit monde monte en chambre, *yes* !

La valise ? Où est la valise ?

Elle est toujours dans la voiture ?
Alors pour commencer, allez chercher la valise pour installer la maman et le bébé.

Durée

Le séjour à la maternité dure en moyenne 3 ou 4 jours en cas d'accouchement par voie basse et 4 ou 5 jours pour un accouchement par césarienne.

Après, il faut selon la situation (le bébé à la nurserie ou dans la chambre, chambre simple ou chambre double, allaitement ou biberon) faire au mieux pour soulager la maman et la CHOU-CHOU-TER (elle le mérite non ?).
Après avoir profité de ces moments privilégiés (alors on s'en sort, hein ?), sortez prendre l'air, un café, le téléphone avec la batterie pleine à la main et appelez LE MONDE ENTIER ! (Enfin celui de votre répertoire…)

C'est votre moment, le privilège du papa, alors profitez-en ! S'il y a bien un moment où votre femme ne vous reprochera pas d'être trop long, c'est celui-là ! (Eh oui, elle est un peu jalouse… juste un peu : elle est avec son bébé !)

Pour éviter les dents dures et les reproches à vie, commencez par les parents ! Puis les grands-parents, frères et sœurs, en cas de famille nombreuse ; laissez la joie et le bonheur d'annoncer la naissance au reste de la famille à vos parents, ça leur fera plaisir et ça les occupera (ça évite aussi à votre père (ou beau-père) de jeter tout le reste de la famille dans la voiture pour débarquer ventre à terre en ayant fait tous les ronds-points du chemin au frein à main…).
Ensuite les copains, les vôtres bien sûr, et ceux votre moitié (l'oubli de la BFF (*Best Friend Forever*) peut être considéré (au moins par la BFF) comme une faute impardonnable ! Acte manqué ? Je ne veux pas le savoir !).

TO DO-LIST
du séjour à la maternité en mode « baby planner »

- ☐ Organiser les visites (voir les grandes lignes avec la maman, bien prévenir que ce ne sont pas les réceptions de l'ambassadeur et que bébé ET maman sont « nazes de nazes alors 5-10 minutes max de présence, O.K. ? »)
- ☐ Apporter de la « vraie » nourriture à la maman (ce n'est pas une charge en règle contre la nourriture des hôpitaux, mais… vous connaissez VRAIMENT ses goûts, alors le Nutella, les petits macarons de Ladurée, le fromage de chèvre (enfin !) ou les harengs sauce Ikea…)
- ☐ Checker les vêtements pour votre compagne et le bébé et aller en chercher s'il en manque (il en manquera toujours).

C'est une petite liste, mais il y en aura d'autres ! Pour le moment, il se fait tard et il est temps de dormir !

ALLÔ MAMAN...
J'AI UNE MISSION
À TE CONFIER
TU POURRAIS
DIFFUSER
UN PETIT SCOOP ?
SERVICE
MATERNITÉ
SERVICE
GYNÉCOLOGIE
OBSTÉTRIQUE
NÉONATOLOGIE
ÉCHOGRAPHIES
DIAGNOSTIC
PRÉNATAL

Quoi qu'il en soit, n'oubliez pas pour annoncer la nouvelle d'être armé des infos essentielles :

ALLÔ ? QUE VEUX-TU SAVOIR ?

- Le sexe du bébé
- Son prénom
- Sa taille
- Son poids
- Est-ce qu'il va bien ?
- Et la maman, ça va ?
- Et toi, être papa, ça te fait quoi ? (Ici, précisément, ils cherchent juste à être gentils, ce qu'ils veulent surtout c'est connaître les horaires de visite.)
- Les horaires de visite

C'est fait ? Vous avez, au moins, laissé des messages ? Fait un petit post sympa pour les réseaux sociaux ? Validé en amont la photo avec la maman (ça évitera des drames…) ?
O.K. !

Deux solutions :
Votre famille (oui, ça y est !) est en chambre double : rentrez chez vous vous coucher, double ça veut dire deux mamans…

Pas de balade en slip

Elle est en chambre simple : parfois, les maternités mettent des lits d'appoint à disposition dans les chambres simples. Seuls impératifs : être debout lors des visites (pas de grasse mat') et être décent dans les couloirs (pas de balade en slip pour aller se chercher un café !). Dans le cas où il n'y aurait pas de lit d'appoint : rentrez vous coucher !

Entre 3 et 5 jours à la maternité

La maman et le bébé vont rester entre 3 et 5 jours à la maternité (en moyenne, c'est selon les maternités, et selon les états de santé de l'enfant et de la maman – césarienne, prématuré…) et pendant ce temps vous allez avoir une double vie :

• D'un côté, le papa cool avec sa femme et son nourrisson, des câlins, des gestes à apprendre, et beaucoup de calme... entre les pleurs et les visites.

• De l'autre, le papa « garçon de course », entre la maison à gérer, les coups de fil à donner ou à recevoir, les vêtements à apporter (profitez-en pour ramener les sales...), les petites courses à faire pour le bébé et pour la maman, la conversation avec la gardienne, le boulanger, la pharmacienne, le caissier du supermarché...

Bref, on court, on court, entre deux moments passés à la maternité ! (Transparence oblige, vous aurez aussi le temps de : commander des pizzas, jouer sur la console, regarder du « cinéma d'auteur »...)

Profitez-en aussi pour faire des nuits complètes (ça peut servir pour après...).

Reposé ? BIM !

Finissez par préparer (sur la table de la cuisine par exemple) un programme de nuit pour les biberons, ou si elle allaite des recettes de bons petits plats pour la soutenir dans ses efforts (pour vous pas de soucis, il restera les bains, les couches et les câlins...).

Au programme pour les premiers jours ? Pas grand-chose... Prenez le temps...

Tout est O.K. dans la maison ? Vous êtes prêt à claquer la porte d'entrée ? Retournez-vous :

C'est calme, vous ne trouvez pas ?

TO DO LIST « je prépare la sortie »

Oui, pendant que maman cocoone, (vous l'avez fait un peu aussi quand même !), à vous la logistique du retour !

- ☐ Préparez la voiture : cosy ou nacelle, poussette, autocollant « bébé à bord ! »
- ☐ Préparez la chambre du bébé à la maison (non, les cartons ne font pas une super table de nuit, allez hop, ça dégage au tri sélectif !)
- ☐ Ménage à fond
- ☐ Frigo rempli
- ☐ Re-check des vêtements « qui manquent » à la maternité (et il en manque, toujours...)

BONJOUR MADAME, ON CHERCHE LA CHAMBRE 402 ! On est dix, mais on amène une bouteille, on peut rentrer ?

Une fois que votre femme aura accouché, que votre bébé sera né et que vous aurez vécu ce moment chargé d'un gigantesque panel d'émotions, vous pouvez vous dire, logiquement, que vous êtes à l'épreuve de tout. Lourde erreur !
Vous le serez après les visites de votre entourage à la maternité.

Le dernier salon où l'on cause

~~Souvent~~ Parfois l'entourage d'un couple de jeunes parents laisse déborder sa joie, son enthousiasme en oubliant que OUIIII, c'est un bébé mais qu'autour du bébé, c'est un hôpital.

Pour vous, super-papa, c'est le début d'une nouvelle tâche, d'un nouveau super-pouvoir : le contrôle de l'environnement.

Loin de moi l'idée de conseiller d'élever son enfant dans une bulle mais… Il n'a que quelques heures de vie, il peut découvrir le monde progressivement et commencer ses débuts dans le calme et la douceur.
On ne répétera jamais assez que jeter un enfant dans le grand bain ne lui permettra pas d'apprendre à nager, juste à avoir peur de l'eau…

C'est à vous de faire le tri

Même si tout le monde a désespérément envie de le prendre dans les bras, qu'il ouvre les yeux, de lui faire boire du champagne (oui, je sais…), c'est à vous de faire le tri entre les différentes requêtes dont certaines sont complètement farfelues et/ou d'un autre âge (chacun sa famille, chacun sa croix) !
Eh oui, car votre bébé n'est pas un jouet et comme lui ne peut encore rien dire, à vous d'élever la voix !

Posez quelques règles de base :

- Pas de fleurs (certaines maternités refusent de toute façon).
- Pas d'enfants en bas âge (refus des maternités également à l'exception des frères et sœurs. Eh oui, quand on est jeune, on est plein de microbes ! Malade à deux jours de vie, c'est un peu rapide quand même…)
- Pas tout le monde en même temps.
- Pas de personnes malades (ils viendront à la maison une fois guéris).
- Un lavage des mains avant de prendre bébé dans les bras ! O.K., ça fait un peu maniaque, mais on peut se le permettre…
- Et du calme quand on ouvre la porte ! Le bébé est peut-être en train de dormir, de prendre son bain ou de boire son lait.

Tout cela dit avec le sourire, avec humour : un super-papa est cool, mais ferme !

Et le médical dans tout ça ?

C'est très simple, pour éviter d'avoir à sortir de la chambre une famille entière pour les soins du bébé et de la maman, la maternité fixe les heures de visite en dehors des heures de soins.

À part vous, PERSONNE n'est autorisé à être présent dans la chambre en dehors des heures de visite. Ainsi, le médecin, le pédiatre, les sages-femmes et les auxiliaires peuvent s'occuper de votre famille sereinement :

- Vous expliquer les soins.
- Vous préciser les horaires et les quantités si le bébé prend des biberons.
- Peser votre bébé (un bébé perd un peu de poids dans ses premiers jours de vie, il doit reprendre une courbe ascendante pour quitter la maternité).
- Vérifier qu'il n'y a aucun problème pour la maman (surtout lors d'une césarienne) et prodiguer les soins postaccouchement.

Et mes copains ? Je les vois quand ?

Facile, pratiquez le doublé ! Ils viennent voir le bébé après le boulot et hop, vous laissez la maman et le bébé se reposer et allez dîner avec les poteaux ! Mort de fatigue, ce sera l'occasion, enfin, de parler d'autre chose ! Le boulot, les vacances, le bé… oui, en fait vous n'allez parler que de ça !

402
IL FAUT ATTENDRE QUE LE GROUPE DES COUSINS SORTE POUR ENTRER

L'APRÈS

LE RETOUR À LA MAISON
Coffre chargé, retour de vacances ? Non, de la maternité !

Tout le coffre de la voiture est vidé, posé en tas dans l'entrée.
Votre femme a retrouvé son fauteuil et a posé à côté d'elle sur le canapé la nacelle avec votre merveille qui dort. Qui dort…

Vous n'avez pas envie de faire grand-chose à part le regarder dormir, n'est-ce pas ?
C'est maintenant, parce que votre enfant vient de s'inviter dans le tableau de votre environnement familier, que vous réalisez VRAIMENT que tout a changé.
Tout, mais pour l'instant… pas grand-chose, car il dort !

Il va falloir s'y faire : un nourrisson, ça dort entre 18 et 20 heures par jour (eh oui, sur 24 heures !). Le reste du temps, il se réveille pour manger, se sentir propre (couche, bain) et pour profiter de la douceur des bras d'un de ses parents. Et 4 à 6 heures pour jouir de tout ça, c'est amplement suffisant !

On le met dans son lit, comme ça, à 17 h ?

Absolument ! Le mieux pour tout le monde étant qu'il dorme dans la chambre plutôt que dans un coin du salon. Il passera les temps d'éveil avec vous et les temps de sommeil dans le lieu qui lui a été attribué, au calme, et rideaux tirés ; c'est plus rassurant pour lui et aussi pour vous : vous pouvez vivre AUSSI quand il dort !

D'ailleurs, à propos de sommeil : dans notre chambre ou dans sa chambre ?

À vous de voir ! Vous pouvez mettre votre bébé directement dans sa chambre (mais rangez la boîte de Lego, ça n'est pas encore pour tout de suite…). Ou, pour des raisons pratiques (tétées de la nuit par exemple), préférer (il dort bien ? et là ? c'est bon ?) le faire dormir dans votre chambre dans un couffin ou son berceau.

Certains spécialistes déconseillent le « co-dodo » : faire dormir le bébé avec soi peut être dangereux (mouvement brusque pendant le sommeil, chaleur du couchage trop importante, augmentation du risque de mort subite du nourrisson). Et de vous à moi, le bébé dans la chambre des parents, c'est surtout bien… au début !

Parce qu'un bébé, quand ça dort : ça fait du bruit ! Et vous, au moindre bruit, vous allez « checker » si tout est O.K., pas vrai ?

Après, un petit dodo occasionnel dans le lit des parents… ça peut même être agréable ! Pas de jugement : on se fait confiance.

EXPÉRIENCE DE SUPER-PAPA

Nous avons installé notre crevette dans *sa* chambre, lorsqu'il faisait presque ses nuits (minuit-5 h). Moins de stress concernant nos horaires et plus de repos pour celui qui ne se lève pas (à tour de rôle bien sûr !).

Bon ! Lui dort, mange… Et nous dans l'histoire, qu'est-ce qu'on fait ?

Vous pourvoyez à ses besoins ! À cet âge-là, ils sont assez simples : lui donner à manger (le peser une fois par semaine au moins le premier mois, surtout s'il est allaité), le changer, le laver et lui faire des câlins, des bisous, des sourires, lui parler…

Une petite promenade en poussette ne fait pas de mal non plus.

Quand il dort, occupez-vous de vous ! Larvez un peu… sans oublier de chouchouter encore un peu votre chérie…

Les jours vont passer et petit à petit vous allez créer un rythme quotidien auquel va se rajouter votre travail (finie la parenthèse enchantée) et dans quelques mois la fin du congé maternité de votre douce.

Mais nous n'y sommes pas encore, il y a d'autres sujets à traiter avant !

ÇA FAIT À PEINE 48 H QUE JE N'AI PAS VU MON PETIT FILS ET IL ME MANQUE DÉJÀ !

« ALLÔ, MON CHÉRI ? C'EST MAMAN ! C'est quoi le code ? On est venu faire un coucou au bébé ! »

À peine rentrés de la maternité, comment dire… Il arrive ~~souvent~~ parfois, que le couple de jeunes parents (vous donc…) ne soit plus ~~du tout~~ trop maître de son emploi du temps.
Oui, maintenant il va falloir prendre en compte les désirs et autres envies de vos propres parents et/ou famille proche dans votre agenda : En clair, en devenant parents, vous avez fabriqué des grands-parents.

Vous étiez mûr, adulte, et chacune de vos décisions était pleinement assumée. C'est cette image que vous projetiez au sein de votre famille ? C'est fini ! Maintenant vous avez besoin d'aide, de conseil, de présence. Vous ne le pensez pas ? Eux si !

Et donc, c'est dimanche, il est 10 h, le bébé s'est enfin rendormi, les courses faites la veille : vous êtes en mode « tatanes » !
Plaisir de courte durée : ça sonne à la porte…
☐ votre mère ☐ belle-mère ☐ père ☐ beau-père ☐ sœur-sans-enfant (entourez la ou les bonne(s) réponse(s)) débarque avec un paquet dans les bras. « *C'est pour le bébé ! Non, ça ne pouvait pas attendre !* » D'ailleurs, les rituelles embrassades et politesses sont vite expédiées (« *ça va, vous ? c'est bien, c'est bien…* »), l'œil inquisiteur est déjà au-dessus de votre épaule : « *Il est où le trésor ?* »

Ça sonne à la porte…

Malheureusement, le bébé dort… Dépité, votre « invité » serait prêt à repartir direct (il faut dire aussi que les « tatanes », ça n'est pas très accueillant), mais voilà, avec le bruit dans l'entrée, votre grosse crevette se réveille. Et qui se jette dans la chambre ?
OUI.
Et malgré vos tronches défaites et les « tatanes », il est ~~probable~~ possible que ça recommence la semaine suivante…

Je ne peux rien leur dire, c'est la famille quand même !

Si.

Il faut rapidement, tout de suite, retirer le sparadrap d'un coup sec, ça pique et on en parle plus !

Pourquoi ?

Parce que sinon vous risquez l'escalade, d'année en année…

Parce que, évidemment, vous ne saurez pas faire !

« *Regarde-moi ta couche comme elle est mal mise !* »

« *Et ses dents ? Elles sont où ses dents ?* »

« *Quand est-ce qu'il marche ?* »

« *Et mamie, dis* MA-MIE *!* »

« *Dis donc mon petit, moi je savais lire en fin de maternelle, vous pourriez l'aider, non ?* »

Je continue ?

Non, ça pique…

Je vais quand même mettre un bémol à cette situation ~~véritable~~ un peu caricaturale, heureusement tous les grands-parents ne pratiquent pas ce genre d'intrusion, tous les grands-parents n'infantilisent pas leur enfant devenu parent, non ! Mais ça arrive… (*Maman, c'est bon ? Tu as compris que je ne parlais pas de toi ? Super ! En revanche, dimanche prochain… je dors !*)

En revanche, dimanche prochain...

Pour finir, ma réponse préférée :

« *Pour ses dents et la marche ? Je n'en sais rien, mais rassurez-vous, je n'ai jamais vu un ado avancer en rampant et en bavant ! (Enfin si, mais il était bourré…)* »

LA TÉTINE ?
Encore une chose à décider qui va influer sur TOUTE sa vie...

N'exagérons rien…
Il y a (forcément) deux écoles : les **pour** et les **contre** ! (Analyse d'une profondeur abyssale…)

Le réflexe de succion

Un nourrisson, quand il dort notamment, a un réflexe de succion, et prendre son pouce ou une tétine le rassure. Il trouve ainsi un palliatif au sein de sa maman (qu'elle allaite ou non).

Oui, mais une tétine, c'est vraiment moche

Oui, c'est moche, un bout de plastique avec un anneau façon vache !
Et c'est sale, ça traîne partout !
En plus, le sevrage vers 3 ans va être très dur !
Et s'il a besoin de se mettre quelque chose dans la bouche, il a son pouce !

Alors pourquoi la tétine peut être une bonne chose ?

Pour ses dents :
Aujourd'hui, la tétine ne déforme pas le palais. Souple, elle laisse la pousse de la dent tranquille, contrairement au pouce, qui est plus agressif.

Pour sa tranquillité :
Elle apaisera et comblera son besoin physiologique de succion.

Parce qu'on peut s'en débarrasser :
Quand, vers 3 ans, il faudra que votre enfant arrête (arrêter la succion pour apprendre la déglutition), vous pourrez ~~sournoisement~~ facilement le sevrer de sa tétine, alors que s'il suce son pouce, c'est quand même plus compliqué à enlever !

EXPÉRIENCE DE SUPER-PAPA

Nous avons profité de la période de Noël, pour dire « au revoir » à la tétine, il était très fier de la donner en cadeau au Père Noël, plus sympa que de la jeter à la poubelle en tout cas !

Conseil perso :

La tétine, c'est bien, mais limitez son utilisation quand votre bébé dort. Pas non plus la peine de coller systématiquement la tétine dans le bec, votre bébé peut aussi connaître des moments de calme sans forcément sucer sa tétine.

Et concernant l'avis de votre entourage, est-ce eux ou vous qui passez la nuit dans la même maison que lui ? Bon !

Oui, je sais, la tétine, c'est vraiment moche, alors pourquoi ne pas y aller franchement ?

LE PÉDIATRE, VOTRE NOUVEAU MEILLEUR AMI ! Enfin, il vaut mieux, parce que vous allez le voir souvent…

Un nourrisson, c'est une machine à construire des cellules. Ça grandit vite, ça grandit fort !
Le temps de ranger le tiroir du haut de la commode et vous pourrez trier et stocker ailleurs la moitié de ses vêtements.
Et concernant sa petite santé, c'est pareil ! Entre sa « bonne » évolution, les vaccins, les maladies infantiles et les petits tracas, votre crevette va reconnaître le pédiatre plus vite que son grand-père !

Y a-t-il des visites obligatoires ?

Oui, sans compter la visite médicale à 8 jours (ou un peu avant). Visite très souvent faite à la maternité. Au cours de sa première année, votre enfant doit voir son pédiatre une fois par mois jusqu'à ses 6 mois, puis une fois par trimestre (9e et 12e mois). Ces visites permettent au pédiatre de contrôler la croissance du bébé (poids, taille), son développement, de vous donner des indications concernant ses repas, des conseils plus généraux, et de lui administrer bien sûr ses premiers vaccins !

Pédiatre une fois par mois

Les vaccins, il y en a beaucoup ? (Je ne m'en souviens pas, j'étais trop petit…)

Tout est relatif. Pendant sa première année, votre bébé va avoir le droit à son lot de piqûres, mais comme c'est un bébé, si vous êtes détendu, il devrait l'être aussi. Et puis après la 1re année, il est presque tranquille.
Si elle est bien faite, la piqûre est sans douleur ; en revanche, selon le vaccin, le principe actif peut faire mal… le début d'une des plus grandes responsabilités du super-papa : savoir consoler…

Âge approprié	Naissance	2 mois	4 mois	11 mois	12 mois	16-18 mois	1 an
BCG	■						
Diphtérie-Tétanos-Poliomyélite		■	■	■			■
Coqueluche		■	■	■			■
Haemophilus Influenzae de type B (HIB)		■	■	■			
Hépatite B		■	■	■			
Pneumocoque		■	■	■			
Méningocoque C					■		
Rougeole-Oreillons-Rubéole					■	■	

Et mon bébé ? Il est trop grand ? Trop gros ?

Pas de focus sur le gras ! Un bébé potelé, c'est normal. Le gras, il en a besoin pour sa croissance. Le pédiatre sera aussi là pour répondre à vos inquiétudes à ce sujet. Pour suivre l'évolution de votre enfant, voici ci-contre les courbes de croissances ! Elles correspondent à l'évolution « normale » de la croissance d'un enfant. Si votre enfant est dans les courbes, il est dans la norme, en dessous ou au-dessus, à vous de voir avec le pédiatre si cela est préoccupant (vous n'êtes pas médecin, moi non plus, lui oui !)

Et c'est tout ? Je ne peux pas emmener mon enfant à d'autres moments que pendant ces visites ?

Bien sûr que si ! Fièvre de plus de 38,5 °C, vomissement, douleurs aux oreilles et autres symptômes méritent le déplacement chez votre pédiatre. S'il reste inconsolable, il peut y avoir une raison (par exemple, si votre enfant a une otite, ses oreilles seront très douloureuses en position allongée et moins en position verticale, donc un bébé qui pleure dans son lit et s'arrête dès que vous le prenez dans vos bras, ça n'est pas forcément un caprice !). Écoutez-vous, faites-vous confiance : vous savez faire la différence entre un enfant fatigué et un enfant abattu. Soyez clair, concis et factuel lors de la visite. Pas la peine de vous excuser pour une visite en urgence :
le pédiatre est là pour ça !

Exemple de courbe de poids :

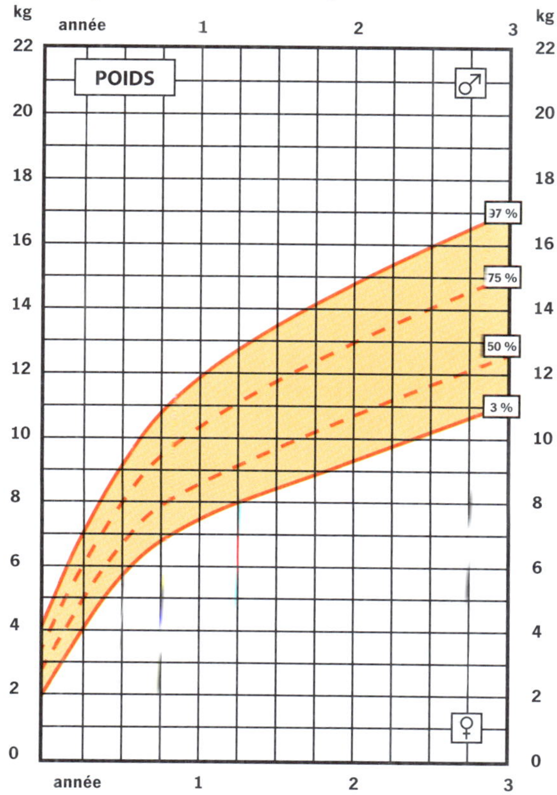

BON À SAVOIR

Sans empiéter sur le terrain du pédiatre, quelques trucs : en cas de coliques, petits reflux gastriques, otites, un petit coussin sous le matelas pour surélever sa tête et incliner ainsi légèrement son corps peut le soulager grandement.

Exemple de celle de la taille :

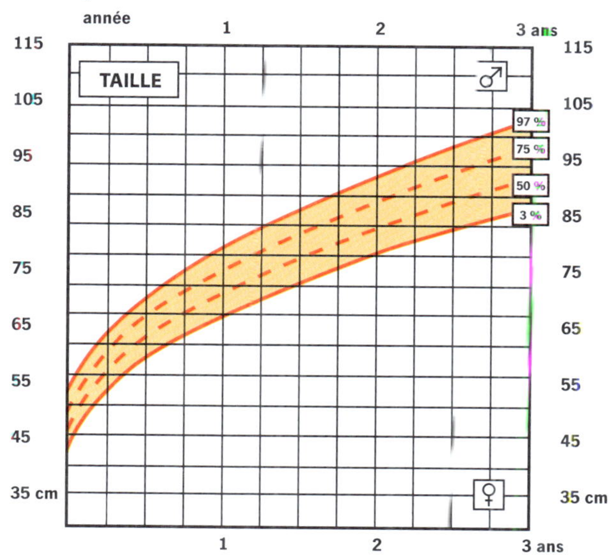

LES COPAINS « T'as changé, toi ! » « Non, je t'assure... » « Si ! Tu me fais l'avion avec ta cuillère, quand je te demande si je peux terminer ton dessert ! »

Ah, les copains ! Le bol d'air, le rayon de soleil après avoir changé trois couches en 15 minutes, plus deux chemises si c'est un garçon (oui, ça vise haut les garçons).

Après avoir âprement négocié quelle soirée ne serait pas la soirée cool à deux, la soirée famille, la soirée filles, la soirée je-gère-le-bébé-qui-pleure-ce-soir-on-ne-sait-pas-pourquoi, voici enfin la soirée tant attendue : la soirée potes !

La logorrhée façon divan

Bien entendu, on ne parle pas ici de la soirée de couple avec des amis (et le bébé dans la nacelle dans la chambre) où, selon votre degré d'intimité, vous serez dans le déni (« *Mais bien sûr, tout va bien, il est formidable, ne pleure jamais, fait ses nuits et ne sent pas de la couche !* ») ou à l'inverse dans la logorrhée façon divan (« *Mais comment vous faites, vous deux ? Comment ? Vous avez l'air si heureux, reposés, sains !* »).
Mais on parle bien entendu de la soirée poteaux, la soirée collègues ! Où le programme est toujours le même : en fait non, pas de détails ! On le connaît le programme, et si votre femme lit derrière votre épaule... secret secret... ce qui se passe avec les mecs reste avec les mecs !

Vous allez voir vos amis sous un nouveau jour

Le pote compréhensif

Lui est déjà papa. Lui sait. Il savait déjà avant et maintenant vous comprenez mieux ses départs plus tôt et son état plus sobre que les autres. ses SMS à sa femme en pleine soirée foot... maintenant, ses enfants (oui « ses » : il a remis ça !) ont grandi et il part déjà plus tard et moins sobre... quant aux SMS, c'est comme s'il n'avait plus de portable.

Alors face au jeune papa que vous êtes, il reste cool, à l'écoute et sans jugement.

Plus tard, vous aussi vous « saurez ».

C'est votre Obi-Wan, vous êtes son padawan.

L'éternel célibataire

« Les enfants ? Connais pas, pas envie, j'aime pas ! »

Heureusement qu'il est insouciant et fêtard, sinon il vous tartinerait toute la soirée sur pourquoi sa vie est super et formidable : « *Aucune contrainte, je fais ce que je veux quand je veux ! Regarde : je veux partir en vacances en juin ? En* JUIN *? Pas de problème !* »

En revanche, la leçon de morale, vous l'aurez si vous voulez partir trop tôt. « *Oh non ! Pas maintenant, et après je fais quoi moi, tout seul ?* »

Le donneur de leçon

Alimenter sa grande vision de la vie

Toute la soirée, il va vous exposer SES théories. Des petites, des moyennes, des grandes (« *Coucher un enfant après 19 h 30 est une hérésie* » ; « *C'est primordial de leur faire apprendre une 3e langue avant 6 ans* » ; « *Et les jouets en bois ? Tu es pour, toi, les jouets en bois ?* »), pour pouvoir alimenter sa grande vision de la vie (laquelle, j'en sais rien, je ne suis pas lui). Concernant le rôle de père et l'éducation à donner, il a un avis sur tout : SUR TOUT ! Des enfants, lui ? Bien sûr qu'il en a, et ils se couchent tard, mangent gras et possèdent tous les jouets en plastique à la mode, mais ça n'est pas pareil...

Le vieux pote

Ensemble à la maternelle.

Ensemble au primaire.

Séparés au lycée (un an, personne ne sait trop pourquoi), bref, c'est le frère d'armes, « force et honneur »... Il n'y a presque plus besoin de mots, votre femme est même parfois jalouse.

À lui, on peut tout dire, les « vraies » raisons de l'annulation de dernière minute (pas de jugement, jamais !), les problèmes, les petites émotions, sa femme, son enfant, tout !
Et lui fait pareil… elle est pas belle, la vie ?

Et si on parlait d'autres choses ?

Le secret d'une soirée entre potes réussie : surtout ne pas parler des enfants ! Vous aurez tellement de sujets à aborder, de week-ends à préparer… Pas d'inquiétude, les enfants, ça passe toujours en premier, mais c'est bien aussi de se sentir léger le temps d'une soirée !

« On vieillit bien entre copains, non ? »

Bien sûr ! Cette belle bande de copains (depuis le temps, le nombre des papas grandit dans le groupe et vous venez d'apporter votre pierre à l'édifice) a pris en assurance, en sérénité, et ça se voit : vous commencez à faire sensation quand vous sortez !
Eh oui (encore une belle loi de Murphy), plus vous êtes engagé et heureux, plus vous êtes séduisant…
Un papa bien dans ses baskets et qui assume, c'est rassurant !

IL PLEURE, LÀ ?
Ce n'est pas ton tour ?

Pas de détour, oui, un bébé, ça pleure. Un peu, beaucoup, intensément, ça dépend de lui, de ses besoins et de son environnement.
On peut quand même essayer d'y faire quelque chose.

Pourquoi ça pleure, un bébé ?

D'abord, parce que c'est le seul moyen qu'il a pour s'exprimer.
Ensuite, c'est souvent parce que quelque chose ne va pas.
Il a faim, il est sale, il est fatigué, il est inquiet, il a mal.
Vous verrez, au bout de quelque temps, vous devinerez pourquoi. Enfin presque tout le temps.
Et en agissant pour le mieux, il se calmera.
Alors soyez cool, c'est plus facile à gérer.

Faut-il le laisser pleurer ?

Oui. Et non !
Il suffit d'être logique, s'il pleure parce qu'il a faim, le laisser pleurer ne va pas le rassasier. Pareil s'il est sale ou s'il a froid par exemple. Calmez-le, changez-le, donnez-lui à manger et HOP ! Le calme et la sérénité sont au rendez-vous !
Ensuite, s'il est fatigué et qu'il pleure dans son lit, le laisser pleurer peut lui permettre d'évacuer son stress, sa nervosité, de trouver son sommeil et de s'endormir plus sereinement.

Oui. Et non !

Vous pouvez donc, raisonnablement, le laisser pleurer.
Attention quand même, si ça dure vraiment longtemps, c'est qu'il y a autre chose. Quoi ? À vous de trouver (un autre des superpouvoirs de super-papa !)
Pour terminer, il risque d'y avoir lors du coucher, chez l'enfant, une peur de l'abandon (rarement avant 8 mois).
Cela peut être très long, compliqué à gérer et très impressionnant (les bébés ont une force de persuasion phénoménale).

Nuit interminable, retour du bébé dans votre chambre parce que vous n'en pouvez plus ou bien vous, le super-papa, endormi sur le sol à côté du lit à barreaux en tenant la main de votre bébé qui lui ne dort pas…

« LA » méthode pour gérer le sentiment d'abandon Les 5-10-15

Le principe est simple, si votre enfant pleure et, ô miracle, s'arrête dès que vous rentrez dans la chambre :

Laissez-le pleurer 5 minutes, puis revenez. Rassurez-le rapidement (quelques secondes) sans le sortir du lit (autant que possible) et repartez calmement.

Sans le sortir du lit

S'il continue, recommencez 10 minutes plus tard, puis 15…

La clé du succès de cette méthode est d'être calme (on ne s'énerve pas, on reste cool), rassurant et bref ! L'enfant, au lieu de se sentir abandonné, se sentira rassuré, même seul, puisqu'il aura la sensation (et ça n'est pas faux !) que vous n'êtes jamais bien loin…

Après… Si le laisser pleurer n'est pas une option que vous envisagez (pas de jugement…), c'est à vous de voir. De toute façon, à part du temps, de l'énergie et beaucoup de patience, il n'y a pas de méthode miracle !

LES GRANDES ÉTAPES DE SA PETITE VIE

Enfin, voici les toutes premières étapes car il vous en restera encore un certain nombre à découvrir au fil du temps.

Ses premières dents

Elles apparaissent en général entre 6 et 8 mois, parfois dans la douleur… Oui, les dents sortent des gencives : ça fait mal… Joues rouges, pleurs à répétition… La tétine, l'oreille du doudou à mordiller ou le croûton d'une baguette peuvent aider fortement. Et si elles arrivent plus tard, pas de stress. Vous avez déjà vu un enfant sans dent ?

Ses premiers pas

Sujet sensible… Certains bébés prennent leur temps et ça n'est pas grave !

En général, certains bébés font leurs premiers pas entre 9 et 12 mois, d'autres plus tardivement (pas la peine de le mettre dans un centre spécialisé pour autant), ça n'est pas un problème ! Mais laissez leur le temps d'acquérir la marche qui se fait plutôt autour de 15 mois. Vous verrez qu'une fois qu'ils en ont découvert les bienfaits, ils sont inépuisables ! Et qu'on passe notre temps à leur courir après, alors ne soyez pas trop pressé !

EXPÉRIENCE DE SUPER-PAPA

Restez zen ! Il marchera ! Il se passe quelques mois entre le premier pas et une *vraie* marche ! Ne passez pas ~~votre~~ son temps à l'entraîner et laissez-le faire ses expériences !

Les premiers mots

Désolé, mais il va falloir être patient. Les premiers mots qui ont du sens, c'est vers 12 à 15 mois ! Avant c'est très fouillis, très confus… Très monosyllabique ! Eh oui, il est fort possible que son tout premier mot (que l'on guette bien entendu) sera papa ou maman ! Lequel en premier ? On ne peut pas savoir…
Pensez à le noter, ce sera toujours très sympa de le placer dans votre discours le jour de son mariage (enfin sympa, ça dépendra du mot…).

Les premiers repas seul

Pas seul je-me-fais-un-sandwich-avec-ce-que-je-trouve-dans-le-frigo (pour ça, il faut attendre qu'il soit ado… Ou pas !).
Mais seul c'est-ma-cuillère-et-je-mets-MA-purée-dans-MA-bouche.
À moins de le laisser attraper sa purée avec les doigts après avoir, au préalable, tapissé la cuisine de bâches plastiques, votre enfant ne sera pas capable de manger seul correctement avant 18 mois. Avant cela, il a besoin de papa ou maman ! S'il veut vraiment prendre la cuillère, il n'y pas d'âge pour être prêt et faire ses premiers essais ! (Ça sert à ça les éponges non ?)

EXPÉRIENCE DE SUPER-PAPA

Ne freinez pas votre bébé parce qu'il est maladroit. Il risque de s'en désintéresser et vous aurez l'air malin, après 18 mois !!

Les premières balades sans couche

Vaste sujet que la propreté, et personne n'est épargné : combien de temps avant que son enfant soit propre ?

Pas de règles, la seule chose qui soit importante, c'est qu'il soit propre avant l'entrée en maternelle.

Mais rassurez-vous, ça se fait tout seul ! Ou pas… Souvent, il est bon de profiter de l'été pour lui enlever les couches : c'est plus facile, enfin ça fait moins de vêtements à enlever en cas d'urgence ou à laver si vous arrivez trop tard !

Les premiers rires

Là, pour le coup, c'est beaucoup plus rapide. Le sourire évolue : du « sourire aux anges » (premier sourire de bien-être), craquant et désarmant, à l'éclatant rire de votre bébé, il n'y a que 6 mois ! Et grâce à de folles parties de cache-cache, de sessions de chant ou de danse, vous partagerez très vite ces beaux moments de complicité… Oui, il vous admire et ça le fait rire !

Parfois, j'ai l'impression d'être *manager* d'un fast-food : il ne fait que manger ! C'EST QUOI LE PROGRAMME ?

Aussi surprenant que cela puisse paraître, un bébé ne passe pas directement du biberon au repas à table avec un menu identique au vôtre (« *Chérie, son steak, je le passe au mixer ? Ça passe pas dans le goulot…* »).
Voici, en fonction de l'âge, ce que mange « normalement » un bébé.

Tout ce qui suit n'est donné qu'à titre indicatif, votre pédiatre ou généraliste aura des conseils et des indications plus « ciblés » en fonction de VOTRE enfant qui est unique, forcément…

0 à 6 mois

Que du lait !
Si votre femme allaite, c'est quantité illimitée ! (Façon de parler bien entendu.)
Si le nourrisson est au biberon :

- Jusqu'à 1 mois : 540 ml en 6 fois (un biberon toutes les 4 heures).
- De 1 à 2 mois : 720 ml en 6 fois.
- De 2 à 3 mois : 750 ml en 5 fois (on peut imaginer faire « sauter » le biberon de la nuit).
- De 3 à 4 mois : 900 ml en 5 fois.
- De 4 à 6 mois : 840 ml en 4 fois (ça y est, on installe le rythme des 4 repas par jour).

Fin du 6e mois à 1 an

Il n'a presque pas de dents, mais il commence à manger tranquillement !
À partir du 7e mois, vous allez commencer à diversifier son alimentation.

Sauf les légumes secs

Des compotes de fruits ou des morceaux de fruits écrasés très mûrs (sans dent, c'est quand même compliqué de mâcher…).
Des légumes en purée (sauf les légumes secs : pas avant 2 ans).
Du pain (quignon de pain sans la mie, c'est parfait !).
Viandes et poissons (mixés, pas plus de 10 g/jour les 7e et 8e mois ; hachés et 20 g/jour jusqu'à 1 an).
Les œufs (mais pas trop non plus, entre un quart et un tiers d'œuf).
De l'eau (voyez laquelle avec votre médecin).

La purée de pomme de terre peut être introduite à partir du 5e mois (mais ça n'est pas obligatoire non plus : avant 6 mois, un bébé peut ne boire que du lait).

Vers la fin du 9e mois, vos purées de légumes peuvent être composées de petits morceaux (petits, on a dit !).
En revanche, pas de sel (et pas de poivre non plus !) et tous les produits sucrés sont sans aucun intérêt nutritionnel pour lui (non, ça n'est pas utile… il reste du chocolat ?).
Donc le Coca dans le biberon : *no way* ! (Même sans bulles…)

Bon ! Le super-papa, il propose des petits pots tout préparés ou fait de la grande cuisine ? « C'est gourmand, cette petite purée jambon revisitée… »

Deux fondamentaux pour vous aider à choisir :
Si vous n'avez absolument pas le temps pour du fait-maison, que vous ne savez plus à quoi ressemble un poulet entier et que vous en arrivez à vous demander si le cabillaud n'est pas un animal carré de nature,

alors prenez des petits pots. Et si en plus, disons-le franchement, vous êtes aussi nuls l'un que l'autre en cuisine : option petits pots !

Si au contraire vous aimez faire la cuisine, ou si vous avez la chance que la nounou soit bonne cuisinière : à lui les bons petits plats !

Pour les recettes, faites comme vous ~~pouvez~~ voulez, mais en tout cas, pour vos débuts, faites simple ! Et sans sel ni poivre (ni cannelle ni clou de girofle… simple, on a dit !).

Après, dites-vous bien une chose, quelle que soit la décision que vous aurez prise pour lui, la nature est parfois bien mystérieuse (et la loi de Murphy pas loin...), certains bébés ne veulent pas entendre parler de petits pots, d'autres à l'inverse vous cracheront au visage (littéralement) toute nourriture fait-maison…

Allez comprendre...

LES DANGERS DE LA MAISON
Super-papa : Un grand pouvoir implique de grandes responsabilités

Rassurez-vous, si vous lisez ceci et que votre bébé n'a que quelques jours, vous avez encore un peu de temps pour rendre votre maison 100 % sécurisée !
Bien sûr, il n'est pas nécessaire de tout faire d'un coup, mais pensez bien qu'une fois qu'il est mobile (et c'est bien avant la marche), rien ne doit être négligé.

Mais au-delà de la mise en place d'un espace de vie sain et sans danger pour votre enfant, il faut d'abord penser à adopter un « comportement de parents responsables » !
Principe essentiel : on ne laisse jamais son enfant dans une pièce sans surveillance, JAMAIS ! Et par surveillance, j'entends surveillance d'un adulte (pas de son frère de 3 ans, même s'il est très éveillé et vraiment très gentil…).

Sans tomber dans la paranoïa, chaque pièce comporte son lot de pièges pour un enfant plus ou moins âgé en quête de découverte de son monde, et croyez-moi, même à moins d'un an, ça galope !

La cuisine

Le four : idéalement un four haut limite les risques de brûlures et l'ouverture intempestive. Si ça n'est pas déjà le cas (et que vous décidez d'en changer), les fours « porte froide» offrent une sécurité supplémentaire.

Les produits ménagers : toujours dans des placards en hauteur ! Les enfants en bas âge mettent tout à la bouche et les produits ménagers sont toxiques, corrosifs et extrêmement dangereux.

Casseroles sur le feu : ne laissez pas les poignées dépasser. Elles peuvent être faciles à attraper. Donc tournez les poignées vers le mur ! Essayez autant que possible d'utiliser les feux les plus éloignés du bord en présence d'un enfant.

Verres et couverts : comme pour les casseroles, placez-les le plus loin possible du bord dès que vous avez fini de vous en servir. Établissez des gestes réflexes, cela vous soulagera.
Concernant les tiroirs et les portes, de petits systèmes simples et faciles à installer bloquent les ouvertures et fermetures intempestives (et aussi sur les doigts...).

Chaise haute : votre enfant doit être en permanence attaché sur sa chaise, même s'il ne sait pas encore marcher. Il peut en un temps record (et bien entendu quand vous avez le dos tourné, c'est plus drôle), se mettre debout SUR sa chaise (sueurs froides garanties au mieux, expérience vécue...), et s'il est besoin de le rappeler, même s'il est assis très calmement dans sa chaise, ne laissez jamais votre enfant sans surveillance !

Salon

La table basse : protégez les coins, évitez les plateaux en verre (même si c'est vraiment très design) et faites attention à ce que vous mettez DESSUS : verres, cacahouètes, pièces de monnaie, bouteilles, tout va très vite !

Prise électrique : même si la plupart des prises murales et multiprises sont équipées de système de protection, vérifiez bien leur état. Profitez-en aussi pour vérifier que les fils électriques ne traînent pas trop. En plus d'éviter les chocs électriques, cela évitera aussi les chutes d'objets !

Les plantes : certaines plantes décoratives sont également toxiques. Même si cela ne vous viendrait pas à l'idée de les mettre à la bouche, les enfants eux sont pleins de ressources ! Demandez conseil à un spécialiste.

Sol et escalier : essayez de ne pas avoir de tapis « volant », ou fixez dessous de l'antidérapant. Bloquez aussi l'accès à votre escalier : ça monte et ça descend, c'est tellement marrant...

La salle de bains

Médicaments et produits cosmétiques : de la même manière que les produits ménagers, ils doivent être inaccessibles ! Il n'y a rien de plus ressemblant à un bonbon qu'une pilule pharmaceutique, les effets en revanche ne sont vraiment pas les mêmes.

Le bain : faites très attention à la température de l'eau : 37 °C ! Pas plus, un bébé est plus sensible à la chaleur qu'un adulte et une température trop élevée peut causer de graves brûlures.
Ne quittez jamais des yeux votre enfant qui se baigne, jamais. Même avec très peu d'eau, un bébé peut se mettre en danger avec de graves répercussions.

Attention aux flaques d'eau : ça glisse ! Pour un bébé, un enfant, ou vous portant votre enfant.

Appareil électrique : Encore plus qu'ailleurs, ne laissez pas d'appareil électrique branché traîner ! Vérifiez aussi que vous n'avez pas de prise électrique (murale ou rallonge) à moins de 60 cm d'un point d'eau (norme NF C 15-100).

La chambre

Il va y passer du temps, donc sécurisez particulièrement cet environnement.

Animaux : Concernant la chambre du bébé : pas d'animaux acceptés, JAMAIS. Les chats en particulier peuvent vouloir se coucher avec le bébé (corps chaud), cela peut engendrer des risques de suffocation. Après, quand l'enfant sera plus grand (après deux ans par exemple), c'est à vous de voir.

Étagères : elles doivent être bien fixées et inatteignables pour éviter que le bébé s'accroche ou grimpe dessus.

Lit : pas trop de doudous, notamment chez les nourrissons, afin d'éviter les risques de suffocation. Pas d'oreillers, de second matelas et de couette non plus. En clair : dans le lit du bébé, son doudou (allez deux, c'est mon dernier mot), sa turbulette, ET C'EST TOUT !

Fenêtres : ne laissez pas la fenêtre ouverte si l'enfant est à l'intérieur de la pièce, ou installez une crémaillère sur la hauteur de la fenêtre : elle sera ouverte, mais la crémaillère empêchera votre enfant de monter dessus.

Encart numéro d'urgence

Placez sur un endroit visible (la porte du frigo par exemple) les numéros à contacter en cas d'urgences.
Pompier : 18
Police : 17
Samu : 15
Numéro d'urgence Europe : 112 (valable en Europe, mobile ou fixe pour tout type d'urgence)
Centre antipoison de votre région
Pédiatre

Autres habitants

Les animaux : de manière générale, ne laissez pas votre enfant seul avec votre animal de compagnie. Faites en sorte que chacun comprenne et accepte progressivement l'autre. Si votre animal était là avant la naissance de votre enfant, il peut considérer le nouvel arrivant comme un rival, soyez donc vigilant.

EXPÉRIENCE DE SUPER-PAPA

Ayant un chat d'appartement caractériel, j'avais, avant l'arrivée du bébé, apporté un linge imprégné de son odeur. Ce qui a facilité le 1er contact. Résultat : pas un grognement ni une griffure en 5 ans !

Sans tomber dans la psychose permanente, ayez du bon sens et de la logique, le reste suivra.
Dites-vous bien qu'en grandissant, un bébé va chercher à avoir de plus en plus d'autonomie. Il vous appartient donc de rendre sa maison sans danger pour lui.

POUR L'ANNONCER « OFFICIELLEMENT », une carte postale, c'est bien ? Non ?

Le faire-part… Passage obligé ou totalement facultatif, faites en fonction de vous et de votre famille.
Si l'idée même du faire-part vous rebute, passez au chapitre suivant ! (Je ne voudrais pas vous donner des boutons…)

Quelques idées et lignes directrices pour cette annonce « officielle ».

Le faire-part classique

Sobre, sans photo, le texte, le lettrage sont à la hauteur de l'évènement : c'est officiel, le « monde » compte un nouveau membre de choix !

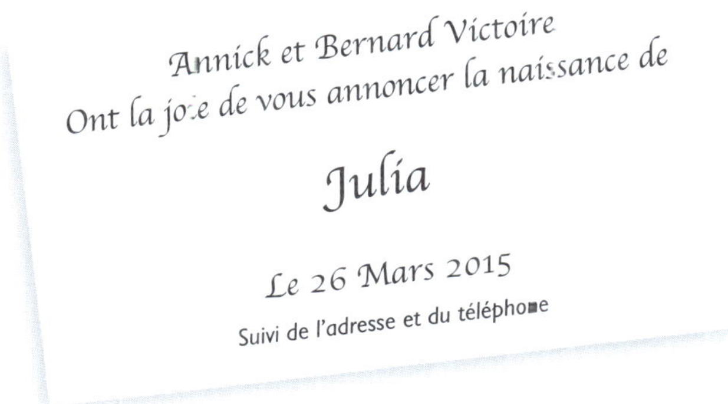

D'aucuns le trouveront austère, et même si cela répond à une certaine tradition, le faire-part classique n'est pas une obligation.

Le faire-part humoristique

Photomontage, mise en scène rigolote ou décalée.

Le 13 mai 2015, j'ai pourri la soirée foot de Papa
et la pizza party de Maman
Vous savez quoi ? C'est que le début des em… !

Lucien
51 cm, 3,450 kg

Mail : jaipourrilasoireedesparents@gmail.com

Le faire-part citation

« Vivre la naissance d'un enfant est notre chance la plus accessible de saisir le sens du mot miracle. »
Paul Carvel

Eliott
3,2 kg, 50 cm
Notre amour né le 14 décembre 2014

Adresse et mail

À tort ou à raison, vous ne vous sentez pas l'âme d'un auteur, même pour une toute petite phrase ? Laissez ça à d'autres (et je ne parle pas de votre mère ou de votre cousin !) : Google est votre ami…

Le faire-part décalé

Vous ne voulez VRAIMENT pas que l'annonce de la naissance de votre enfant ressemble à un faire-part ? Utilisez des moyens et des phrases détournés, sortis de leur contexte !

Je vends ma décapotable Rouge,
à peine 25 000 km, toutes options,
super Sound-System, aucun frais à prévoir
Je m'en sépare à contrecœur, car il n'y a que deux
places et que depuis le 30 septembre 2015 au matin,
nous sommes 3 !

Mail : Devinelenometlesexedemonbebe@gmail.com

Le faire-part 2.0

Pour certains, aller à la poste et poster du courrier relève de la véritable expédition.

D'autres évitent leur boîte aux lettres comme la peste, étant certains qu'elle n'est porteuse QUE de mauvaises nouvelles (PV, relevés bancaires, factures, recalcul du tarif EDF à la hausse…).

Réconciliez tout le monde et « sauvez des arbres » : pas de papier, mais un joli faire-part en JPEG ou PDF à envoyer par mail ou messagerie instantanée.

La solution « peu onéreuse »

Si VRAIMENT vous souhaitez à tout prix envoyer un faire-part par courrier et qu'au niveau budget c'est serré serré… Faites la mise en page vous-même (sobre, restez sobre…) et imprimez des photos ! À partir de 10 centimes selon la quantité, c'est imbattable !

Derniers conseils

Avant la rédaction et l'envoi de votre faire-part, posez-vous les bonnes questions.

- Soyez en adéquation avec les destinataires (cercle intime, famille entière, bande d'amis, relations personnelles ET professionnelles) et le style, le degré d'intimité de votre annonce. « *Yeah ! Grâce à moi, Papa et Maman vont avoir le droit aux jours enfant malade !* » Ça peut faire un peu désordre dans les mains de son patron…

- Et ne commettez pas d'impair ! Certaines personnes sont très attachées à ce genre de coutumes. Ne pas les prévenir officiellement de la naissance de votre bébé peut provoquer des incidents diplomatiques (qui auront des répercussions à vie sur les fêtes de Noël, anniversaires familiaux, etc.)

LE BABY BLUES
Eh non, ça n'est pas une chanson du sud de la Louisiane...

Tout le monde en a entendu parler, ça n'est pas pour ça que l'on peut l'éviter. Juste après la naissance (en général vers le 4e jour), les nouvelles mamans peuvent connaître une grosse baisse de moral sans raison apparente, le baby blues !

À quoi est-ce dû ?

Plusieurs choses sont à l'origine de cette crise. Les hormones tout d'abord, dont l'équilibre change, au vu du changement physiologique (fin de la grossesse, début de l'allaitement). Ensuite (et ça n'est pas rien), le bouleversement émotionnel, le changement de statut, le poids des responsabilités, la peur de ne pas savoir faire ou de mal faire, la fatigue. Cela peut provoquer chez votre chérie des crises de larmes, d'angoisse, des moments d'irritabilité ou de grande fatigue… Et non, ça ne sert à rien de lui reprocher ! Rassurez-vous (et rassurez-la), cela ne dure que quelques jours maximum.

Le changement physiologique

Que peut-on faire ?

Il n'est pas nécessaire de passer par un traitement médical.

- Faites en sorte qu'elle puisse se reposer.
- Parlez-lui et écoutez-la quand ça ne va pas.
- Félicitez-la.
- Ne la laissez pas se « faire envahir » (famille, amis) : être entourée, c'est bien, faire l'hôtesse pour 30 personnes, c'est non !
- Chouchoutez-la, encore et encore et encore...

Cela dure et ça ne s'améliore pas ?

Si au bout d'une semaine ou deux le baby blues est tenace, c'est peut-être qu'il s'agit plutôt d'une dépression post-partum, qui nécessite un traitement, un suivi médical et psychologique. Il est donc préférable de consulter pour s'en assurer.

QUI VA GARDER MON ENFANT ? Le choix de la nounou, mission impossible ?

La crèche n'est pas pour vous (pas de place, pas envie ou pas DU TOUT de crèche dans votre commune), mais votre femme veut reprendre le travail après son congé maternité (pas de polémique ! Reste à la maison qui veut ou qui peut !).
Il faudra donc choisir une assistante maternelle ou une nounou.

Et si on le laissait à ta mère ?

C'est vrai ça ! Mamie est à la retraite, grand-mère depuis peu, et elle ADORE les bébés !
Attention cependant, c'est la famille. Cela a ses avantages (confiance quasi absolue avec votre enfant qui reste toujours dans un environnement familier) et ses inconvénients (plus difficile de faire des remarques, confusion des genres entre la semaine et le week-end « *tu peux* AUSSI *nous le garder samedi soir ?* »). La situation est quand même rare, et puis entre nous, c'est bien aussi d'avoir une grand-mère reposée le week-end ET pendant les vacances scolaires !

Confusion des genres

Comment faire pour bien choisir ?

Déjà, posez-vous la question fondamentale : une assistante maternelle agréée (votre bébé va chez elle et c'est un peu plus contraignant) ou une nounou (votre bébé est chez vous : c'est plus simple, mais plus cher !) ? Petit détail, vous pouvez vous grouper avec une autre famille (de votre immeuble, de votre rue, il vaut mieux être proche) pour réduire les frais de garde à domicile (les enfants sont gardés alternativement dans la maison d'une famille, puis de l'autre).

Quoi qu'il en soit vous pouvez (selon certaines conditions) demander une aide de la CAF.

Et c'est parti pour la recherche de la perle rare !

En plus des associations, services petite enfance et sites Internet spécialisés, n'oubliez pas le fondamental : les petites annonces dans le quartier (c'est mieux si elle n'habite pas trop loin) et le bouche-à-oreille ! C'est quand même moins difficile de se tromper si des proches vous la recommandent. Cela vous évitera les recherches de « la meilleure nounou pour mon trésor » (ce serait pas mal comme émission de télé…).

Comment se sortir de la jungle de la sélection ?

Âge :

Ni trop jeune ni trop vieille ! S'occuper d'un bébé demande de l'énergie, mais aussi de l'expérience et de la sagesse ! L'âge et le CV pourront rassurer.

Hygiène :

Lors de l'entretien (ou de la visite si vous cherchez une assistante maternelle, donc hors de chez vous), vérifiez que l'hygiène élémentaire est bien de mise, sans tomber dans la paranoïa microbienne et le désir de « chambre blanche ». Un environnement sain est important pour un bébé.

À pied ou à vélo ?

Soyez sensible à la distance qui vous sépare ; plus la distance est longue, plus les risques de retard en début ou en fin de journée sont probables… et ça, ça n'améliore jamais les rapports : JAMAIS !

Télé ou jeux en bois ?

Posez-vous la question (et posez-lui) : qu'a-t-elle en tête pour occuper, stimuler et aider à grandir votre mini-vous ? Foisonne-t-elle d'idées (ludothèque, parc, jeux éducatifs) ou connaît-elle par cœur les touches de TOUTES les box télé (chaîne 18 quand tu nous tiens…) ?

Et merci qui ?

Lors de l'entretien, pensez également à déterminer si vous êtes en phase au niveau des principes d'éducation. Évitez par exemple une nounou stricte si vous êtes du genre à laisser votre enfant peindre sur les murs parce que ça « stimule sa créativité » !

Formations annexes

Et si en plus d'avoir l'expérience et les qualifications requises, elle avait un truc en plus ?

BAFA, brevet de secourisme, ancienne magicienne ou international de football, le genre de « truc en plus » à faire rêver n'importe quel gamin !

Deux dernières choses une fois que vous aurez trouvé celle-qui-vous-remplacera-mais-pas-trop-quand-même-il-ne-faudrait-pas-non-plus-qu'il-l'appelle-maman :

Pas de paranoïa, mais : utilisez le réseau des copains/copines, pères/mères au foyer pour vérifier pour vous si quand elle est au parc, « jouer avec les enfants » signifie « passer l'après-midi sur le banc avec son téléphone vissé à l'oreille » ; ou alors profitez d'une « réunion client qui s'est annulée » et débarquez à l'improviste, juste une fois pour voir…

Après-midi sur le banc

Ensuite, lorsque vous êtes rassuré (car il ne s'agit que de ça !), laissez-la faire : elle est super !

Dernier point très important :

Elle ne peut pas, elle ne doit pas, être canon !

Attention, ici, pas de jugement, ni de propos machiste ou misogyne, mais si elle est à votre goût (et qu'en plus cela se voit…), vous risquez au mieux des mini-crises de jalousie de manière très (trop) régulière… Ça serait dommage quand même… et tellement prévisible !

NOUNOU PARTAGÉE :

Si vous êtes tentés par la solution de partage de nounou, vérifiez bien avec la famille concernée les points suivants :

- Où travaille la nounou ? (chez vous ? chez elle ? 50/50 ?)
- Les principes d'éducation et d'alimentation
- L'organisation matérielle (achats des couches, du lait…)
- Les « limites » de la nounou (peut-elle les emmener au parc ? faire les courses ?)
- Et surtout mettez-vous d'accord avant sur tous les aspects contractuels et la manière de communiquer avec elle. « Diviser pour mieux régner » est un dicton qui parfois a du sens malheureusement !

LES TUTOS DE LA 1RE ANNÉE La perfection n'est approchable que par la répétition

Que dire de plus ?
La première année de votre enfant est riche en découvertes : c'est plein de gestes techniques qui sont reproduits jour après jour…
Vous allez vous rater, apprendre, et serez de plus en plus rapide, précis, pointu, imbattable et au top de la technique des soins pour bébés !
En attendant ce temps rêvé, voici quelques conseils pour accélérer le processus.

Enlever et mettre une couche

Autant clarifier les choses tout net : je n'ai pas de « trucs » pour que ce soit chouette et classe de changer une couche ; oui, ça va sentir, et parfois dans des proportions indescriptibles !

Phase 1 : enlever la couche

Si c'est un garçon, n'oubliez pas de mettre du coton ou une lingette sur son petit « tuyau » pendant que vous le nettoyez (oui, l'air frais ça donne des envies, ce n'est pas un mythe).

Il faut nettoyer « la zone »

Ensuite, il faut nettoyer « la zone » du haut vers le bas, du plus sale au moins sale, avec lingette, liniment ou savon spécifique. N'oubliez pas les plis !
Et finissez l'opération « fesses propres » avec une petite crème antirougeur.
Pliez la couche sur elle-même, mettez-la DANS UN SAC PLASTIQUE, fermez-le, direction poubelle !

Phase 2 : mettre la nouvelle couche

Pas facile de trouver le juste équilibre entre une couche trop serrée (très inconfortable) et pas assez (fuite, lit et vêtements mouillés).
Soulevez les fesses du bébé (pas par les pieds, c'est mauvais pour les hanches) et posez la couche ouverte sous ses fesses.

Pour un garçon, n'oubliez de mettre la « fusée » vers le bas. Si le cordon n'est pas tombé, repliez la couche de telle sorte que le cordon reste bien à l'extérieur de la couche.
Si la couche vous paraît vraiment trop petite… c'est peut-être qu'elle est effectivement trop petite ! (Évitez de prendre trop de stock d'avance dans une même taille).
Et voilà ! Facile, non ? (Après la 100e, on fait ça les yeux fermés !).

RÈGLE ABSOLUE

Ne vous éloignez JAMAIS de la table à langer !

(Ça tombe sous le sens, mais il est toujours bon de le répéter !).

Préparer et donner le biberon

Préparer le biberon

Un biberon se prépare au dernier moment (pas de bib' collé au frigo 30 minutes avant l'heure ou carrément la veille au soir), c'est plus hygiénique et évite la prolifération des microbes.

Avec de l'eau minérale

Préparez votre biberon avec de l'eau minérale (selon la recommandation de votre pédiatre) à température ambiante (pas sortie du frigo, ni cuite en plein soleil sur le rebord de la fenêtre). Ajoutez la quantité de lait nécessaire. Faites rouler le biberon entre vos mains à la verticale pour bien mélanger avant de le secouer, cela évitera les grumeaux et votre bébé ne souhaite pas avoir une tétine bouchée, JAMAIS !
Enlevez la tétine pour faire chauffer votre biberon et n'oubliez pas de tester la température avant de lui donner. Vous vous épargnerez ainsi quelques séances de pleurs !

Donner le biberon

Au risque d'enfoncer des portes ouvertes, le moment du biberon doit être un moment de calme. Selon l'âge et les bébés, ils peuvent avoir besoin d'être concentrés pour que le repas se fasse tranquillement.
Installez-le dans le creux de votre bras, allongé mais pas complètement à l'horizontale.
Ensuite c'est selon ! D'une traite, par à-coups, à moitié endormi ou totalement réveillé, la personnalité de votre bébé s'exprime aussi à ce moment-là.
Le tout est d'être détendu, et complètement à son écoute.

Pour finir, le rot : lorsqu'il tète, un bébé avale également de l'air. Ce trop-plein d'air dans l'estomac doit être évacué. Soit à la fin du biberon, soit à mi-parcours, prenez-le contre vous, à la verticale, sa tête légèrement au-dessus de votre épaule (pensez, bien sûr, à mettre un linge sur votre épaule… à moins que vous n'aimiez pas votre T-shirt) ou alors asseyez-le. Tapotez doucement son dos.

Il n'y a pas de « rot » unique

Il n'y a pas de « rot » unique, ni de position unique, ça dépendra de lui, à vous de « trouver » ! Et ne désespérez pas : certains bébés sont un peu longs à la détente !

Dernier conseil, attendez 10 à 15 minutes minimum après la fin du biberon pour le coucher, ça évitera des problèmes de digestion (et des drames et des larmes).

L'habiller et le déshabiller

Quelques grandes lignes :

Le faire dans une pièce bien chauffée (salle de bains ou chambre) surtout lorsqu'il est nourrisson, cela vous évitera de vous presser inutilement et à votre bébé de prendre froid.

Pas de stress, prenez votre temps (donc) : passer sa main dans la manche ou sa tête dans le col n'est pas inné, il y a peu de chance qu'il vous tende spontanément son bras ! C'est à vous de le guider.

Ça ne sert à rien de forcer

Et si le bras, la jambe ou la tête ne passe pas, ça ne sert à rien de forcer, c'est que votre bébé a, encore, changé de taille !

Jetez en l'air les vêtements trop petits et prenez ceux que ~~vous~~ votre femme avait prévus dans le tiroir du dessous !

Bon, sachez que nous, les pères, on a tout de même une sale réputation : mettre les bodys ou les pulls à l'envers, ne pas assortir (selon le goût de votre femme) les couleurs…

Faites de votre mieux et si votre douce pense que ce n'est pas assez bien, laissez-la dire, c'est un travers typiquement féminin !

En revanche, pendant tout le temps que dure l'opération, ne vous éloignez pas de la table à langer!

Le bain

Le bain est LE moment de détente avant le biberon du soir et donc le début des rituels du coucher.

Il faut :

Un peu plus tard le transat

• Une salle de bains bien chauffée.

• Une table à langer bien positionnée (proche de la baignoire, c'est quand même plus simple).

• Dans les tout débuts, une baignoire adaptée à son âge (ou le lavabo), un peu plus tard le transat de bain ou l'anneau, et encore plus tard le tapis antidérapant, mais là c'est quand il tient bien assis tout seul.

Une eau du bain à 37 °C. Soyez VRAIMENT très vigilant quant à la température du bain, surtout pour les nourrissons pour qui quelques degrés de trop peuvent provoquer des brûlures.

Avant le bain, soyez malin : pensez à étaler directement sa serviette sur la table à langer, ce sera plus pratique après !
Pour ce qui est de la durée du bain et des activités, c'est selon votre disponibilité, votre bon plaisir et surtout celui de votre enfant (au début quelques minutes suffisent).
À la fin du bain, prenez votre bébé à bras-le-corps et installez-le sur la serviette que vous aurez préparée. Emmaillotez-le, bien au chaud… Il est prêt pour une séance tendresse.

Le calmer

Oui, même si vous et votre femme êtes au top du top, votre bébé va pleurer, c'est une certitude. Il connaîtra des inquiétudes, des réveils en sursaut, des colères, des douleurs… (je continue ?)
C'est à ce moment qu'il sera bon d'utiliser un de vos nombreux, superpouvoirs : le consoler.

Pas de position, de geste miracle qui fonctionne à tous les coups. En revanche, votre bébé a sans doute UN truc qui le détendra, le rassurera. Une chanson ? Une position ? Une caresse dans les cheveux ?
À vous de trouver votre « *magic touch* », et quand vous l'aurez trouvée, ne la lâchez plus ! Mais surtout, détendez-vous ! Un bébé est une éponge à émotions. Si vous êtes fatigué, nerveux, tendu, il le ressentira et sera fatigué, nerveux, tendu… N'hésitez pas à passer la main (pas de jugement et pas de fierté non plus…).

LA CONCLUSION « Je suis venu te dire que je m'en vais... »

Ça y est, vous venez de tourner la dernière page…

Dans quelques minutes, vous serez prêt à « voler en solo ».
Construire une famille, aider un petit bout d'homme ou de femme à grandir, l'accompagner dans son apprentissage de la vie, un mini-vous qui sera totalement autonome à… vers… autour de… Enfin, quand il ou elle l'aura décidé !

Il n'y a pas qu'un super-papa.
Et surtout, il n'est pas parfait… et ça n'est pas grave !
Rien n'est gravé dans le marbre, tout évolue avec votre enfant : vous, votre couple, vos situations professionnelles, la société… Alors si vous ne « collez » pas aux principes que l'on vous a inculqués, ou à ceux que vous vous êtes fixés le lendemain du mariage au petit déjeuner sur la magnifique terrasse du relais–château… Vous en trouverez d'autres !

Si je peux me permettre de vous donner un conseil (O.K., je me permets !) : Laissez-vous surprendre ! Entourez-le, aimez-le, cadrez-le, mais laissez-lui un peu d'air…
La joie d'être totalement ébahi par son enfant qui pense par lui-même et qui va au-delà de ce que l'on attend de lui.

Et puis oui, ça va bien se passer ! Oui, vous allez REdormir… un peu. Oui, vous allez prendre un rythme et avoir du temps pour vous (le dimanche entre 12 h 47 et 13 h 23…).
Et là, vous serez totalement opérationnel !

« Chéri ? On en parle, du deuxième ? »